海上絲綢之路基本文獻叢書

日本一鑑　絶島新編

桴海圖經

〔明〕鄭舜功　纂輯

文物出版社

圖書在版編目（CIP）數據

日本一鑑．絶島新編、桴海圖經 /（明）鄭舜功纂輯
．-- 北京 : 文物出版社，2022.6
（海上絲綢之路基本文獻叢書）
ISBN 978-7-5010-7558-4

Ⅰ．①日… Ⅱ．①鄭… Ⅲ．①日本—歷史—史料
Ⅳ．①K313.06

中國版本圖書館CIP數據核字（2022）第068563號

海上絲綢之路基本文獻叢書

日本一鑑．絶島新編、桴海圖經

著　　者：〔明〕鄭舜功
策　　划：盛世博閲（北京）文化有限責任公司

封面設計：鞏榮彪
責任編輯：劉永海
責任印製：張道奇

出版發行：文物出版社
社　　址：北京市東城區東直門内北小街2號樓
郵　　編：100007
網　　址：http://www.wenwu.com
郵　　箱：web@wenwu.com
經　　銷：新華書店
印　　刷：北京旺都印務有限公司
開　　本：787mm×1092mm　1/16
印　　張：11.125
版　　次：2022年6月第1版
印　　次：2022年6月第1次印刷
書　　號：ISBN 978-7-5010-7558-4
定　　價：94.00圓

總緒

海上絲綢之路，一般意義上是指從秦漢至鴉片戰争前中國與世界進行政治、經濟、文化交流的海上通道，主要分爲經由黄海、東海的海路最終抵達日本列島及朝鮮半島的東海航綫和以徐聞、合浦、廣州、泉州爲起點通往東南亞及印度洋地區的南海航綫。

在中國古代文獻中，最早、最詳細記載『海上絲綢之路』航綫的是東漢班固的《漢書·地理志》，詳細記載了西漢黄門譯長率領應募者入海『齎黄金雜繒而往』之事，書中所出現的地理記載與東南亞地區相關，并與實際的地理狀況基本相符。

東漢後，中國進入魏晉南北朝長達三百多年的分裂割據時期，絲路上的交往也走向低谷。這一時期的絲路交往，以法顯的西行最爲著名。法顯作爲從陸路西行到印度，再由海路回國的第一人，根據親身經歷所寫的《佛國記》（又稱《法顯傳》）一書，詳細介紹了古代中亞和印度、巴基斯坦、斯里蘭卡等地的歷史及風土人情，是瞭解和研究海陸絲綢之路的珍貴歷史資料。

隨着隋唐的統一，中國經濟重心的南移，中國與西方交通以海路爲主，海上絲綢之路進入大發展時期。廣州成爲唐朝最大的海外貿易中心，朝廷設立市舶司，專門管理海外貿易。唐代著名的地理學家賈耽（七三〇～八〇五年）的《皇華四達記》記載了從廣州通往阿拉伯地區的海上交通『廣州通夷道』，詳述了從廣州港出發，經越南、馬來半島、蘇門答臘半島至印度、錫蘭，直至波斯灣沿岸各國的航綫及沿途地區的方位、名稱、島礁、山川、民俗等。譯經大師義浄西行求法，將沿途見聞寫成著作《大唐西域求法高僧傳》，詳細記載了海上絲綢之路的發展變化，是我們瞭解絲綢之路不可多得的第一手資料。

宋代的造船技術和航海技術顯著提高，指南針廣泛應用於航海，中國商船的遠航能力大大提升。北宋徐兢的《宣和奉使高麗圖經》詳細記述了船舶製造、海洋地理和往來航綫，是研究宋代海外交通史、中朝友好關係史、中朝經濟文化交流史的重要文獻。南宋趙汝適《諸蕃志》記載，南海有五十三個國家和地區與南宋通商貿易，形成了通往日本、高麗、東南亞、印度、波斯、阿拉伯等地的『海上絲綢之路』。宋代爲了加强商貿往來，於北宋神宗元豐三年（一〇八〇年）頒佈了中國歷史上第一部海洋貿易管理條例《廣州市舶條法》，并稱爲宋代貿易管理的制度範本。

元朝在經濟上採用重商主義政策，鼓勵海外貿易，中國與歐洲的聯繫與交往非常頻繁，其中馬可·波羅、伊本·白圖泰等歐洲旅行家來到中國，留下了大量的旅行記，記録元代海上絲綢之路的盛況。元代的汪大淵兩次出海，撰寫出《島夷志略》一書，記録了二百多個國名和地名，其中不少首次見於中國著録，涉及的地理範圍東至菲律賓群島，西至非洲。這些都反映了元朝時中西經濟文化交流的豐富内容。

明、清政府先後多次實施海禁政策，海上絲綢之路的貿易逐漸衰落。但是從明永樂三年至明宣德八年的二十八年裏，鄭和率船隊七下西洋，先後到達的國家多達三十多個，在進行經貿交流的同時，也極大地促進了中外文化的交流，這些都詳見於《西洋蕃國志》《星槎勝覽》《瀛涯勝覽》等典籍中。

關於海上絲綢之路的文獻記述，除上述官員、學者、求法或傳教高僧以及旅行者的著作外，自《漢書》之後，歷代正史大都列有《地理志》《四夷傳》《西域傳》《外國傳》《蠻夷傳》《屬國傳》等篇章，加上唐宋以來衆多的典制類文獻、地方史志文獻，集中反映了歷代王朝對於周邊部族、政權以及西方世界的認識，都是關於海上絲綢之路的原始史料性文獻。

海上絲綢之路概念的形成，經歷了一個演變的過程。十九世紀七十年代德國地理學家費迪南·馮·李希霍芬（Ferdinad Von Richthofen，一八三三～一九〇五），在其《中國：親身旅行和研究成果》第三卷中首次把輸出中國絲綢的東西陸路稱爲『絲綢之路』。有『歐洲漢學泰斗』之稱的法國漢學家沙畹（Édouard Chavannes，一八六五～一九一八），在其一九〇三年著作的《西突厥史料》中提出『絲路有海陸兩道』，蘊涵了海上絲綢之路最初提法。迄今發現最早正式提出『海上絲綢之路』一詞的是日本考古學家三杉隆敏，他在一九六七年出版《中國瓷器之旅：探索海上的絲綢之路》中首次使用『海上絲綢之路』一詞；一九七九年三杉隆敏又出版了《海上絲綢之路》一書，其立意和出發點局限在東西方之間的陶瓷貿易與交流史。

二十世紀八十年代以來，在海外交通史研究中，『海上絲綢之路』一詞逐漸成爲中外學術界廣泛接受的概念。根據姚楠等人研究，饒宗頤先生是華人中最早提出『海上絲綢之路』的人，他的《海道之絲路與昆侖舶》正式提出『海上絲路』的稱謂。選堂先生評價海上絲綢之路是外交、貿易和文化交流作用的通道。此後，大陸學者馮蔚然在一九七八年編寫的《航運史話》中，使用『海上絲綢之路』一詞，這是迄今學界查到的中國大陸最早使用『海上絲綢之路』的人，更多地限於航海活動領域的考察。一九八〇年北京大學陳炎教授提出『海上絲綢之路』研究，并於一九八一年發表《略論海上絲綢之路》一文。他對海上絲綢之路的理解超越以往，且帶有濃厚的愛國主義思想。陳炎教授之後，從事研究海上絲綢之路的學者越來越多，尤其沿海港口城市向聯合國申請海上絲綢之路非物質文化遺産活動，將海上絲綢之路研究推向新高潮。另外，國家把建設『絲綢之路經濟帶』和『二十一世紀海上絲綢之路』作爲對外發展方針，將這一學術課題提升爲國家願景的高度，使海上絲綢之路形成超越學術進入政經層面的熱潮。

與海上絲綢之路學的萬千氣象相對應，海上絲綢之路文獻的整理工作仍顯滯後，遠遠跟不上突飛猛進的研究進展。二〇一八年厦門大學、中山大學等單位聯合發起『海上絲綢之路文獻集成』專案，尚在醞釀當中。我們不揣淺陋，深入調查，廣泛搜集，將有關海上絲綢之路的原始史料文獻和研究文獻，分爲風俗物産、雜史筆記、海防海事、典章檔案等六個類别，彙編成《海上絲綢之路歷史文化叢書》，於二〇二〇年影印出版。此輯面市以來，深受各大圖書館及相關研究者好評。爲讓更多的讀者親近古籍文獻，我們遴選出前編中的菁華，彙編成《海上絲綢之路基本文獻叢書》，以單行本影印出版，以饗讀者，以期爲讀者展現出一幅幅中外經濟文化交流的精美畫卷，爲海上絲綢之路的研究提供歷史借鑒，爲『二十一世紀海上絲綢之路』倡議構想的實踐做好歷史的詮釋和注脚，從而達到『以史爲鑒』『古爲今用』的目的。

凡例

一、本編注重史料的珍稀性，從《海上絲綢之路歷史文化叢書》中遴選出菁華，擬出版百册單行本。

二、本編所選之文獻，其編纂的年代下限至一九四九年。

三、本編排序無嚴格定式，所選之文獻篇幅以二百餘頁爲宜，以便讀者閱讀使用。

四、本編所選文獻，每種前皆注明版本、著者。

五、本編文獻皆爲影印，原始文本掃描之後經過修復處理，仍存原式，少數文獻由於原始底本欠佳，略有模糊之處，不影響閱讀使用。

六、本編原始底本非一時一地之出版物，原書裝幀、開本多有不同，本書彙編之後，統一爲十六開右翻本。

目録

日本一鑑　絶島新編　桴海圖經

日本一鑑　絶島新編　桴海圖經

〔明〕鄭舜功　纂輯

民國二十八年影印舊鈔本

日本一鑑絶島新編

壹冊

民國貳拾八年
據舊鈔本影印

日本一鑑絶島新編卷之一

奉使宣諭日本國新安郡人鄭舜功歌編

山嶠絶海將
命浮航期謫攙槍披行天市是域也日本之區後漢建武中元始通中國時會稽人航海遭風流移澶洲聞歸云遠絶而已漢魏以後其常入朝雖聞未經詳魏晉　唐亦各遣使未審其詳矣胡元閏位於華夏使經數遣一竟不得其詳也初使人要領罕聞永樂之使要領漸知之至宣德時馭以要波百有餘年要領亡矣庚戌以來姦宄交作邊腹生民之被慘毒恐不可言一念生民又念先世忠義書史旌常不自料量廣詢博采輙奮狂愚奏奉
宣諭歷履鯨波行忠信之言彰

文德之敷東夷聽信禁令乃行館彼六月諮其風俗詢其地位得聞其說
得覽其書復按書言皆合於一其不我誑豈非忠信之驗
文德之徵者乎故命從事將其圖冊繪錄之備按書編遂為類聚以寄祗
役之談歸于
王師討數之秋輒以文告下獄故違忠信未即治要是書棄置既久矣
囊在縲絏適客問曰使於四方如琉球者有紀錄如松漠者有紀聞
天使日本夫豈無錄無聞焉告語見聞曾有成集又聞島守以賦闕編復
按之其於通國地方名號因夫字類聞見無遺未逮見聞敢濫編次書
成一卷萬里歘然陬島新編題荅客問亦
天使人之效也將昭赦世士君子我後之使者未必不資其說云

圖

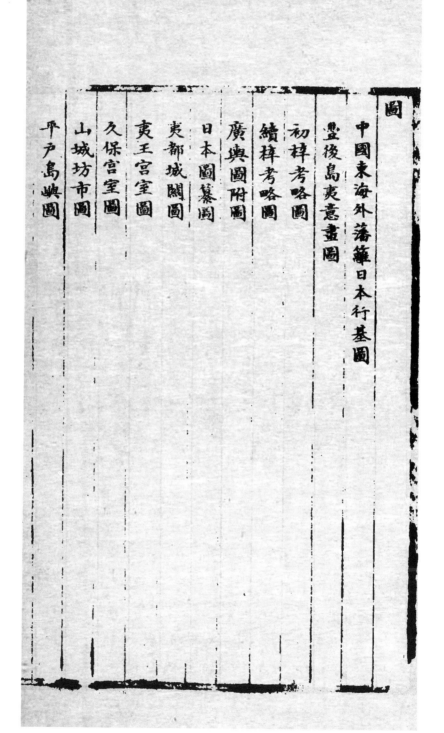

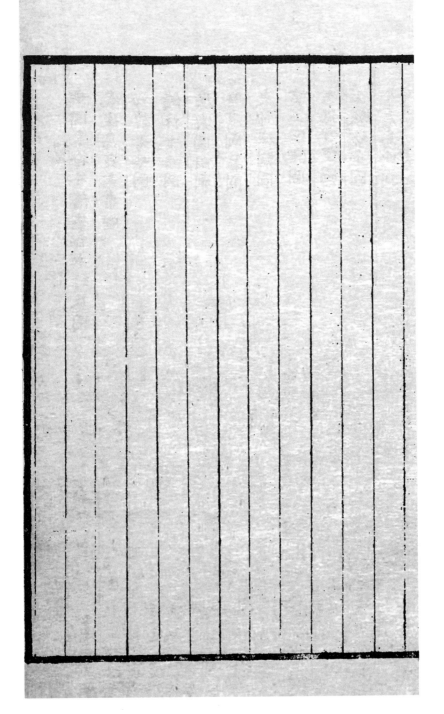

圖假如圖字圖事悉歸圖字下凡查島字地名者於後識字究知之

右第一圖日本諸島之圖也按日本圖來中國者凡七其一為定海考畧圖其二亦定海續為考畧圖其三予初至彼所得也其四予久館彼得之也其五從事於彼後得者其六為廣輿圖所附者其七為圖纂之所繪者定海初為考畧圖尚闕讚岐又筑豐肥前後倒著續為考畧圖乃定海武臣之作所大槩如前考畧圖增繪屋久等島矣區區初得之圖豐後島夷意畫者次得行基圖按其頗詳行基者夷僧也俗姓志高先百濟王之後家於和泉大島郡夷王聖武以為營原大僧正使狩諸島故作圖書名題行基島號秋津秋津者夷謂蜻蜓夷俗通云形如蝴蝶行基之圖久傳其間而我得矣從事沈孟綱之得之圖惟傳聞焉蓋予以書諭夷王旋歸陷殺於廣潮潮人之得而燬之於予之所未見者疑是行基之圖爾但原得於夷都會事豈不加詳悉焉廣輿附圖之類琵琶亦闕讚岐而亂堺江又島小路誤作淡路圖纂之圖

不亂堺江亦闕讃岐而誤淡路矣云類琵琶者土佐島夷意畫也若夫讃岐土佐原是毗連地方二國况既闕讃岐非本島夷之所誤疑或傳寫遺落爾備按國書地如獨鉆頭云乎佛法滋盛也一云如寶形仍金銀銅鐵珍寶五穀豐稔也圖為我之所取者準其行基之圖爾細按其圖水陸之道莫不精詳海曲島嶼頗大與書小島無算圖繪不盡又按海曲山島古今名異仍訪古而書之雖曰艷島夷區信是一覽焉萬里其古今圖編入有六雖模不一並存焉廣輿圖纂二圖內昔注小地名寄音既異唐書則訛今不為錄其他緣海地方名號唐字寄音並詳桴海圖經已前六圖初行基圖次豐後島夷意畫圖次初考畧圖次續考畧圖次廣輿圖次圖纂圖凡六圖焉圖其詳者詳聞日本涓圖定境文

右第七圖夷都城關之圖也都之東北阻以大山都之西南近緣海道故多立木城設關防以共守之非本國人不易入也凡觀是圖按地名

凡觀是圖按地名者圓為國方為城長為關也哉
天使者按圖行之
右第八圖夷王宮室之圖也此夷王宮居都會左其殿四曰紫宸南殿也曰清涼一云御殿在南殿西夷王常居之曰溫明一云內侍所在南殿東夷王常居之曰太極居紫宸北小安殿也其舍五曰昭陽一云梨壺夷王子居曰淑景一云桐壺曰飛香一云藤壺曰凝花壺一云梅壺曰襲芳一云雷鳴壺其樓二曰瀧口在清涼殿北曰荻一云荻戶白馬陳門為春花也其院一曰真言修法所也其坊一曰內教修樂所也其所一曰臺盤修膳所也其門十二曰陽明曰待賢曰郁芳為東門也曰美福曰朱雀曰嘉皇為南門也曰淡夫曰藻壁曰殷富為西門也曰安嘉曰偉鑑曰智達為北門也
此為夷王宮室矣今其宮室略見前圖
右第九圖乃夷相久保之舍舍居夷王宮後彷彿繪圖見其大略矣
右第十圖山城坊市之圖也山城者古名山背盖以山環如城故名也

山城之城以木為之山城之左為夷王宮右本都城都城者為本刺史百寮民居也都城東西相距一千里餘大小巷陌一十八條巷陌西曰西朱雀坊曰坊城曰壬生曰櫛笥曰大宮曰豬熊曰堀川曰油小路曰西洞院曰町曰室町曰烏丸曰東洞院曰高倉曰萬里小路曰富小路曰京極曰東朱雀坊（已上東西十八町也）一城居南北相距二十餘里大小巷陌三十八條巷陌北曰一條（斯為九陌之一有官守之）曰正親町曰土御門曰鷹司曰近衛小路（一云近大路）南曰勘解由小路曰中御門曰春日大炊御門曰冷泉曰二條曰押小路（一云鴛小路）曰三條坊門曰姉小路（一云姉小路）曰三條曰六角曰四條坊門曰錦小路曰四條曰綾小路曰五條坊門曰高遷曰五條曰樋口曰六條坊門曰梅楊曰六條曰佐女牛（一云佐目牛）曰七條坊門曰北小路曰七條曰鹽小路曰八條坊門曰梅小路曰八條曰鍼小路曰信乃小路曰唐橋曰九條（已上南北三十八町也）今其都會東西巷陌自

室町東校不如前油小路西次堀川猪熊二路之北尚有人居猪熊西南向為田園南北九條自五條外至六七八九條皆為田園矣東西之中人居相距不二里形像如鶉鼓其空闊處自中古來兵火所遠至今如是都人居址因繪為圖凡披卷閲便知今昔矣

右第十一圖平戶島嶼之圖也胡元得其水工圖於今不傳疑與此類姑存之

原

考畧曰日本古倭奴國初至天御中主都筑紫之日南宮主都摩維國伊都投馬種類百有餘國各為所屬號大倭王傳二十三世身撥尊弟日子神武天皇遷都大和橿原宮仍以倭為號迄漢桓靈間倭奴作亂自相攻伐歷年無主有一女子名卑彌呼年長不嫁人以妖惑衆共立為王法甚嚴峻數年而死宗男嗣國人不服更相誅殺復立卑彌呼宗女壹與國遂定時稱女王國逮唐咸亨初賀平高麗稍習夏音惡名不善更號日本蓋取近日始昇之義先秦時遣方士徐福將童男女數千人入海求蓬萊仙不得懼誅止夷澶二洲號秦王國屬倭奴故中國總呼之曰倭倭非日本之的號也又其雖多狙詐狼貪往往窺伺得間則肆為寇掠邊海獲以倭寇目之若其來而防之審也

備按日本古為倭奴之域夷曰山迹山迹者即古大和國書云天地開

蹦人始住山其地未堅人迹見矣故言山迹又曰山止以人止山故名曰太和國書云莊子指之日本之域後漢始通前此莊生何由知之疑不能明也曰數島或即大和磯城島曰野馬臺按其種島閭島等島宇牛馬多野生國書莊子云野馬者陽焰也莊生之說已註篇中又後漢書邪馬臺國即邪摩維國故其國書支那呼之或謂任那云曰秋津島一云秋津洲秋津者夷謂蜻蜓一曰蝴蝶時俗通云曰小扶桑扶桑之域在日本海東夷地朝暾必昇於木之枝故云扶桑日本之夷以之隣封又以好佛歆慕之故名小扶桑國書集註杜詩云至今有遺恨不得窮扶桑蓋扶桑者相去中國三萬里人跡不到而於理有未窮也又按日本之域山有日枝之名緣引扶桑之義曰黑齒見漢書或即黑島山海經云東海中有黑齒國今按夷俗婦人之齒多好墨男人之齒亦墨之夫黑齒也古為倭屬今俗人多黑齒歟曰磤馭慮島一曰自凝島國書云本地之初男神妻神之欲發跡

潮沫自凝磤馭慮者借用字也曰豐葦原一曰葦原或云二神以矛探海底有物礙矛神云礙矛何哉地主權現吉曰礙者葦也故名曰支竺彼俗好佛以佛生於天竺是故名支曰日本國書云　唐則天皇帝封我無所考　唐書云咸亨以後稍習夏音惡倭名更號日本為接四書本旨夫來遠人往則為之授節以送之夫日本名之出於此者亦常典爾曰壽安鎮國山受我

成祖文皇帝詔封其都會其都會也之謂北京又大和也之謂南京東京之地謂鎌倉西京之謂筑紫也其王源姓自古迄今君諸日本部落六十八國各統郡所而權歸於刺史小島無算皆有司牧向彼島區如古戰國國是在於日本王夷狄舌鴂難調夏音其欲習者嘉善而矜不能也又秦王國其古夷澶之地覆按夷澶當後漢時會稽東冶之人航海遭風流移至其間歸而言之今未有至者備考遠江有秦原郡又考紀

伊熊野山有徐福祠通考列國之君有秦長殿號謂徐倭者豈非秦長之流裔謂夷瀆者豈非遠江紀伊耶夫日本俗心貪性急惡惡創美抑其心貪故好貨性急故輕生創美則欲垂芳名接於字義不善者多變易之如倭指和之類不得悉而舉之矣之其惡惡故深恥於盜賊是以盜禁最嚴盜絲髮者處死故其門夜不扃而鮮偷竊惟航海姦偷向有破帆白波之號於此賊島不世見戮故夷俗也深以盜賊為戒人罵以賊讐恨不忘今彼之夷來寇疆場非其初心皆由中國姦宄逋搆使然

夷國君長不知之昔聞

宣諭奉之惟謹此固知之明矣凡今之人既不明其好惡是故久於窮黷使海隅蒼生肝腦塗地而不已可深痛哉又其原名知則詳之於後

豐葦原（一曰葦原日本別號） 津津來原（在山城又原名在武藏） 大原（野名瀧名俱在山城郡名隸出雲） 長原（在攝津二長島間） 高野原（在山城鳴山下） 鹿蘿原（古宮名在大和） 角田川原（在大和又原名在下總） 兎原

郡名隸攝津秦原郡名隸遠江盧原郡名隸駿河小笠原牧殿名隸中表荏原郡名隸武藏市原郡名

隸上總三原郡名隸淡路地名即戶九在備後御原郡名隸筑後馱原荻原藤原俱所名隸豐後田原

在豐前所殿名隸豐後桑原郡名隸大隅松原在平戶島生居之島原在有馬島之原蒲原郡名隸越後栗

原金原俱郡名隸陸奧阿達原在陸奧竹原在安藝素鶩川原原有千島營原寺名行基居之小

原全原樵原小田原俱名殿西柳原其國都臣有北伍號杉原產處然三垣原河原生

松原已上之原無註者未知著處以俟後知者錄凡無註皆倣此

界

考畧曰日本之域在東南大海中依山島為居西南距海東北隅大山廣袤四面各數千里東北山外歷毛人國到文身國約七千餘里南到侏儒約四千餘里西循一支乍北望耽羅度百濟到樂浪及帶方等郡約一萬二千里

備按夷域正東大海行四十餘日至扶桑國東南大海行一日至羅刹

鬼國即東女國正南大海行四五日至大琉球國西南大海行八九日至小

琉球國正西大海行四五日至中國浙江之寧波西北距海行一日至

朝鮮國朝鮮羅刹二島宇清秋時際島見之正北大海行一日至月氐國月氐邊陲夷曰鳥道謂非人之

所居既以月氏為非人寧龍自是賊寇乎東北大海一日至毛人國歷被日本之在中國東北居天市垣國書云緣裏廣輪凡四十萬五千三百七十四里東西距三千八百七十里南北距五百三十里按彼一里凡六町中國一遞鋪程若自其山城係一大島夷曰秋津毗連列國四十有九自山城東至陸奧東垂計凡三千五百八十七里一自山城西至長門西垂計凡一千九百七十八里南白讚岐毗連四國謂南島東西相距千餘里西曰筑紫毗連九國謂西島東西相距一千八百四十里陸行南北約五日其如志摩淡路壹岐對馬佐渡隱岐各是一島俱稱為國又如多藝等島小島無算各附近屬惟陸奧一國東西相距八十日南北相距四十日校其通國而相過半矣其僭行基夷王聖武以之巡狩循至陸奧按地綿邈乃將九郡分置五十四郡又欲分國司牧之事未舉而僭亡矣秋津四垂分為八界凡十六名一併及之於後

出羽界秋田城界相模界三浦界上總界紀伊界伊界豆界狩野界遠江界伊勢界加賀界富揘界周防界邑智界下總界千桑界又對馬界對馬者島也是日本之區朝鮮之食以作交易之計也人受七島界在國之南萬琉球之分界矣

畿五畿山城太和河内和泉攝津五國隸京畿故曰五畿

道七道東海南海西海北陸東山山陽山陰苦集滅道在洛陽東山清水寺南清閑寺麓初三井寺檜開山叡侍和尚欲往城南山崎別業經此履木木作苦集滅道之聲厥後左遷關東之人及經此道細觀四諦之法云入唐道西海肥前大隅其爲古今入唐道事桴海圖經詳上道郡名備前隸下道郡名備中隸尾道地名在備後

國拘邪韓國即筑紫也邪馬臺國即邪摩維國大倭王居裸國黑齒國多鯷人國已上見漢書

對海國瀚海國末盧國伊都國奴國不彌國投馬國邪馬一國即邪馬臺國倭女王都斯馬國巳百支國郡支國彌奴國好古都國不呼國對蘇國蘇奴國呼邑國華奴蘇奴國鬼國爲吾國鬼奴國邪馬國躬臣國巴利國支維國烏奴國狗奴國已上見魏志竹斯國秦王國已上見隋志

按前此國今去古遠倭音既訛唐字未的罔辯誰棊國書云夷王用明始分五畿七道六十六州五百八十三郡又壹岐對馬多藝三島各統二郡傳至夷王文武乃以六十六州名更曰國壹岐對馬一各名國附屬西海餘惟多藝不稱焉夷王聖武時乃以陸奧所部九郡分作五十四郡其餘列國部郡如昨多藝等島各附近屬向其列國常有戰爭夫弱敵者而少假救多自剖腹而死勝敵據地設有部民不服者乃告夷王則別選人以守之今夷列國六十八區部郡六百有一其他小島若多藝者無算雖云戰爭附屬不常悉皆日本王之總攝也之其古今口國一併詳之於後

日本國（古倭國也）小扶桑國（日本別號）支竺國（日本別號）黑齒國（古為倭屬只今倭俗好齒黑故通稱）邪摩國（即邪摩維國一云野馬臺即邪馬臺國日本古名）女王國（漢桓靈間女王當國故人曰之）壽安鎮國（山名）

（永樂丙戌封其都會之山云自此以下向為夷中之列國）山城國（夷之都會）大和國（其先日本之總名）河內國和

泉國攝津國（已上五國隸畿內）伊賀國伊勢國志摩國尾張國三河國遠江國
駿河國伊豆國甲裴國相模國武藏國安房國上總國下總國常陸國
（已上一十五國隸東海）紀伊國淡路國阿波國讚岐國伊豫國土佐國（已上六國隸南海）
筑前國筑後國豐前國豐後國肥前國肥後國日向國薩摩國大隅國
壹岐國對馬國（已上一十一國隸西海）若狹國越前國加賀國能登國越中國越
後國佐渡國（已上七國隸北陸）近江國美濃國飛驒國信濃國上野國下野國
陸奧國出羽國（已上八國隸東山）幡摩國美作國備前國備中國備後國安藝
國周防國長門國（已上八國隸山陽）丹波國丹後國但馬國因幡國伯耆國出
雲國石見國隱岐國（已上八國隸山陰自山城至隱岐通共六十八國也）列國（夷中六十八國也）南國
（一曰南島阿波讚岐伊豫土佐皆南國也）西國（一曰西島筑前筑後豐前豐後肥前肥後日向薩摩大隅即古狗邪韓國也又壹岐對馬
亦海西之島州國也）府國（一曰府中在長門又列國刺史所居之通稱）相國（寺名）
郡（國書云夷王用明時郡凡五百八十三陸奧郡九夷王聖武時郡六百有一陸奧一郡郡五十四多藝二郡不稱焉今郡算六百一十有五除

原數外多郡一未詳何代增設焉十有四乙訓郡葛野郡愛宕郡紀伊郡宇治郡久世郡
綴喜郡相樂郡已上八郡隸山城添上郡添下郡平郡廣瀨郡葛上郡葛下郡
忍海郡宇智郡吉野郡宇陀郡城下郡城上郡高市郡十市郡山邊郡
已上一十五郡隸大和錦郡石川郡古市郡安福郡大縣郡高安郡河內郡讚良
郡茨田郡交野郡若江郡澁河郡志紀郡丹北郡丹南郡已上一十五郡隸河內
大島郡和泉郡日根郡已上三郡隸和泉住吉郡百濟郡東成郡西成郡島下
郡島上郡豐島郡河邊郡武庫郡兎原郡八部郡有馬郡能勢郡已上一十
三郡隸攝津阿拜郡山田郡伊賀郡名張郡已上四郡隸伊賀桑名郡員名郡朝明
郡三重郡河曲郡庵藝郡鈴鹿郡安濃郡一志郡飯高郡飯野郡多藝
郡度會郡已上一十三郡隸伊勢荅志郡英虞郡已上二郡隸志摩海部郡中島郡葉栗
郡丹羽郡春日部郡山田郡愛智郡智多郡已上八郡隸尾張碧海郡賀茂郡
額田郡幡豆郡寶髮郡八名郡渥美郡設樂郡已上八郡隸三河豐田郡磐石

郡濱名郡敷智郡引佐郡鹿玉郡長上郡長下郡磐田郡周智郡山名郡佐野郡城飼郡秦原郡已上一十四郡隸遠江志太郡益頭郡有度郡安倍郡盧原郡富士郡駿河郡已上七郡隸駿河田方郡那賀郡賀茂郡已上三郡隸伊豆小梨郡八代郡巨麻郡都留郡已上四郡隸甲斐足上郡足下郡餘綾郡大住郡愛甲郡高座郡鎌倉郡三浦郡已上八郡隸相模秩父郡久良岐郡都筑郡都摩郡橘樹郡荏原郡豐島郡足立郡新羅郡入間郡高麗郡横見郡崎玉郡大里郡幡羅郡椿澤郡那珂郡加美郡比金郡男衾郡兒玉郡已上二十一郡隸武藏平郡安房郡朝夷郡長狹郡已上四郡隸安房市原郡海上郡畔蒜郡望陀郡周唯郡天羽郡夷讃郡埴生郡長柄郡山邊郡武射郡已上一十一郡隸上總葛餙郡千葉郡叩幡郡匝瑳郡海上郡埴生郡香取郡猿島郡相馬郡豐田郡結成郡已上一十一郡隸下總新治郡真壁郡筑波郡河内郡茨城郡行方郡鹿島郡信太郡那賀郡久慈郡多阿郡已上一十一郡隸常陸伊

郡郡那賀郡海部郡在田郡日高郡牟婁郡已上七郡隸紀伊津名郡三原郡
已上二郡隸淡路板野郡阿波郡麻直郡三好郡名東郡名西郡勝浦郡那賀
郡美馬郡已上九郡隸阿波三木郡大内郡寒河郡山田郡香河郡阿野郡那
賀郡鵜足郡多度郡三野郡風羊郡苅田郡已上十一郡隸讃岐宇麻郡新井
郡周敷郡桑村郡野間郡溫泉郡久米郡浮穴郡伊豫郡宇和郡和氣
郡喜多郡風早郡越智郡已上十四郡隸伊豫安藝郡香美郡長岡郡土佐郡
吾川郡幡多郡高岡郡已上七郡隸土佐怡土郡志摩郡早良郡那珂郡遠賀
郡糟屋郡宗豫郡鞍手郡嘉摩郡穗浪郡夜須郡下座郡上座郡御笠
郡席五郡已上十五郡隸筑前御原郡生桑郡竹野郡山本郡御井郡三猪郡
上妻郡山門郡下妻郡三毛郡已上十郡隸筑後田河郡企救郡京都郡仲
津郡筑城郡上毛郡宇佐郡下毛郡已上八郡隸豐前日田郡球珠郡真入郡
大野郡海部郡大分郡速野郡國嵜郡已上八郡隸豐後基諱郡養父郡三根

郡神崎郡佐嘉郡小城郡杵島郡藤津郡彼杵郡高來郡松浦郡已上一十一郡隸肥前玉名郡山鹿郡菊池郡阿蘇郡合志郡山本郡飽田郡詫麻郡益城郡宇土郡八代郡天草郡葦北郡球麻郡已上一十四郡隸肥後臼杵郡兒湯郡那珂郡宮崎郡諸縣郡已上五郡隸日向出水郡高城郡甑島郡日置郡伊作郡阿多郡河邊郡頴娃郡揖宿郡給黎郡溪山郡薩摩郡智覽郡鹿島郡已上一十四郡隸薩摩麥苅郡桑原郡贈於郡始羅郡肝屬郡大隅郡馭謨郡熊毛郡已上八郡隸大隅壹岐郡石田郡已上二郡隸壹岐上縣郡下縣郡已上二郡隸對馬遠巖郡大飯郡三方郡已上三郡隸若狹大野郡坂井郡敦賀郡丹生郡今立郡足羽郡今南西郡今北東郡内郡今南東郡吉田郡坂南郡已上一十二郡隸越前江沼郡能美郡加賀郡石川郡已上四郡隸加賀羽作郡能登郡鳳至郡珠洲郡已上四郡隸能登礪波郡射水郡婦負郡新川郡已上四郡隸越中古志郡三島郡磐船郡蒲原郡沼垂郡鎮城郡魚沼郡已上七郡隸越後羽茂郡雜

大郡加茂郡已上三郡隸佐渡栗木郡甲賀郡蒲生郡神崎郡愛智郡左上郡
坂田郡淺井郡伊香郡高島郡志賀郡善積郡野洲郡已上一十三郡隸近江
不破郡安八郡大野郡石津郡多藝郡席田郡本模郡片縣郡山縣郡
武藝郡池多郡上郡賀茂郡可兒郡土岐郡惠柰郡已上一十八郡隸美濃
大野郡荒城郡益田郡已上三郡隸飛驒筑摩郡安曇郡更級郡水内郡伊那
郡諏訪郡高井郡埴科郡小縣郡佐久郡已上一十郡隸信濃碓水郡厍片岡
郡甘樂郡多胡郡綠野郡那波郡羣馬郡吾妻郡利根郡勢多郡新田
郡山田郡邑樂郡已上一十三郡隸上野足利郡安蘇郡都賀郡寒河郡河内郡
芳賀郡鹽屋郡那須郡梁田郡已上九郡隸下野柴田郡瞻澤郡宇多郡伊具
郡日理郡宮城郡黑河郡賀美郡色摩郡磐井郡玉造郡江剌郡長岡
郡小田郡登米郡遠田郡桃生郡氣上郡牡鹿郡白川郡高野郡石川
郡磐瀬郡稻我郡會津郡那摩郡安積郡信夫郡大沼郡桿繼郡斯皮

郡般前郡苅田郡名取郡安達郡菊多郡磐城郡標葉郡行方郡牡鹿郡志大郡栗原郡津輕郡金原郡措羽郡新田郡伊達郡本宮郡那載郡階上郡大賀郡川沼郡取摩郡膽澤郡已上五十四郡隸陸奥田河郡出羽郡飽海郡山本郡最上郡置賜郡秋田郡河邊郡村山郡雄勝郡平鹿郡已上一十一郡隸出羽明石郡三木郡賀東郡賀古郡多可郡印南郡賀西郡神東郡神西郡餝東郡餝西郡揖東郡揖西郡赤穗郡佐用郡宅栗郡已上一十六郡隸播摩英田郡大庭郡勝田郡苫西郡苫東郡久米郡真島郡已上七郡隸美作和氣郡磐梨郡邑久郡赤坂郡上道郡御野郡津高郡兒島郡已上八郡隸備前窪屋郡賀夜郡下道郡淺口郡小田郡後月郡哲田郡英賀郡都宇郡已上九郡隸備中神石郡奴可郡沼隈郡品池郡葦田郡田奴郡三上郡恵蘇郡御調郡三洨郡世羅郡三谿郡安那郡深津郡已上一十四郡隸備後沼田郡賀茂郡安藝郡佐伯郡山縣郡高田郡高宮郡沙田郡已上八郡

隷安藝 大島郡玖河郡熊毛郡津濃郡佐波郡吉敷郡已上六郡隷周防 阿武郡美禰郡大津郡原狭郡豐浦郡已上五郡隷長門 桑田郡多紀郡船井郡水上郡天田郡何鹿郡已上六郡隷丹波 片野郡熊野郡加佐郡與謝郡丹波郡已上五郡隷丹後 二方郡七美郡氣多郡城崎郡美含郡朝来郡養父郡出石郡已上八郡隷但馬 多氣郡智頭郡邑美郡高草郡巨濃郡法美郡八上郡已上七郡隷因幡 汙入郡會見郡日野郡河村郡久米郡八橋郡已上六郡隷伯耆 飯名郡大原郡仁多郡出雲郡神門郡能義郡島根郡秋鹿郡楯縫郡意宇郡已上一十郡隷出雲 那賀郡邑知郡美濃郡安濃郡鹿足郡邇摩郡已上六郡隷石見 周吉郡穏地郡知夫郡海部郡已上四郡隷隱岐 小郡地名在豐前又地名在長門 下郡所殿名隷豐後 四郡島名大隅隷 五郡殿名

鄉 趙宋三朝志鄉凡三千七百七十二國書今鄉總數凡九萬八千未建詳考

村 閩書村之總數凡九十萬九千八百五十八未建詳考只有名者姑錄之 桑村郡名隷伊豫 中村在上佐司牧居之又村名在撞

島人殿名四村在淡路大村津名在肥前西村在種島河村郡名伯耆隸今村殿名二村山名安

特村村產鳥藉村名黛村村之匠染好色稱黛濃下村夷有下村氏

里漢書云樂浪郡徼去其國萬一千里去其西北界拘邪韓國七千餘里自女王國東渡海千餘里至拘奴國自女王國南四千里至朱儒國又

考畧廣袤四面各數千里東北山外歷毛人國到文身國約七千餘里南到侏儒國約四千餘里西循一支乍北望耽羅渡百濟到樂浪及帶方等郡約一萬二千里日拘邪韓國方可五百里渡一海約千餘里日對海國方可四百餘里南渡一海約千餘里日瀚海國方可三百餘里又渡一海約千餘里日末盧國陸行五百里日伊都國又東南百里日奴國又東行百里日不彌國

備按國書緣袤廣輪四萬五千三百七十四里東西距三千八百七十里南北距五百三十里按彼一里凡六町若中國一遞舖程自山城國都東至陸奧東垂程計三千五百八十七里一自陸奧東垂渡扶桑計二萬六千餘里一自山城西至長門西垂程計一千九百七十八里一自長門赤坎關渡西島曰豐前之足屋程計二百里一自足屋水行次博多至大隅之棒津程計二千一百八十里一自山城次自攝津之兵庫渡南島曰讚

岐　計三百里一自讚岐次自土佐之椿泊緣南邊行次至土佐之柏島程計八百四十里一自土佐之浦戶渡至日向之細島程計四百八十里一自西島曰肥前之松本水行至朝鮮程計一千四百四十里一至遼東程約計二千餘里一至登州程約計不三千里一至淮安程約計三千餘里一自大隅之棒津水行大琉球程計二千五百八十里本夷云三千七百里一自棒津水行小琉球程計五千五百二十里一至寧波程計三千七百里至福建程計五千五百里至南澳程計六千五百餘里至廣東程計七千餘里本夷云棒津水行至山城程計三千七百里又其海曲各島水程詳見籌海圖經其國名里開者一併錄之於後

萬里小路名無墮里橋名松里莊名俱在山城庫里川關名靈遠[illegible]關名俱在攝津山梨里在甲斐太里郡名肆武藏名取里在陸奧弓削里在丹波御久里又名殿鳴海里稱覺里長居里日夕里往箕里着柳果海津里玉井里霖雨里朝日里飛鳥

里安福里月吉里

田國書田土每論以町通國田數凡八十萬九千八百一十五町二畝三步分註五畿七道列國之下今筭至八十九萬八千五百六町除原總計田數及對馬田數未計外今數多八萬八千六百九十一町疑是後來開墾者我未詳又考每年賦稅該國鮮納於都以為京官之俸倉部徵收運納艱遲勘解由司糾劾之今其頒田後詳開載

畿內田六萬一千一百一十四町山城田一萬七千七百五町大和田一萬七千五十八町河內田一萬九百一十七町河泉田四千一百二十町攝津田一萬一千二百一十四町

東海道田二十萬三千一百一十九町伊賀田四千五百一十一町伊勢田一萬九千一十四町志摩田一百二十四町尾張田一萬六町三河田七千五十四町遠江田一萬二千九百一十四町駿河田九千七百五十町伊豆田八千一百三町甲裴田一萬四千二町相模田一萬一千四百八十七町武藏田三萬六千一百九十一町安房田一千二百六十四町上總田二萬三千六百六十町下總田三萬三千町常陸田一萬二千三十八町

南海道田五萬四千二百四十町紀伊田七千三十九町淡路田二千八百七十町阿波田五千二百四十五町讚岐田一萬七千九百四十三町伊豫田一萬四千八百二十五町土佐田六千三百二十八町

西海道田一十萬九千六百九十九町筑前田一萬九千七百六十五町筑後田二萬二千八百二十八町豐前田一萬一千七百六十五町豐後田一萬一千二

百二十八町肥前田一萬二千三百二町肥後田一萬三千七百八十八町日向田七千二百四十七町薩摩田四千六百六十町
大隅田五千八百一十三町對馬田數未計本道田總未入北陸道田一十萬七百七十九町若狹田三
千一百三十町越前田二萬三千五百七十六町加賀田一萬二千五百三十六町能登田一萬二千五百三十町越中田二萬一
千三百九十九町越後田二萬三千七百三十八町佐渡田三千八百七十町東山道田二十二萬七十町
近江田三萬五千二十五町美濃田一萬五千三百一十四町飛驒田一千二百五十六町信濃田一千三百六十町上野田三萬八
千五百四十四町下野田二萬七千四百六十町陸奧田四萬五千七十七町出羽田五萬六千八十八町山陽道田八
萬五千八百二十五町幡摩田二萬一千四百一十四町美作田一萬六百一十六町備前田一萬三千三百六
十町備中田一萬八百八十三町備後田九千六百五十八町安藝田七千四百八十町周方田七千六百五十四町長門田四
千七百六十町山陰道田六萬三千六百九十一町丹波田一萬八千五十五町丹後田五千五百二
十七町但馬田七千七百四十三町因幡田八千一十六町伯耆田八千八百四十一町出雲田九千九百六十八町石見田四
千八百七十六町隱岐田六百三十四町又其田名詳見下文
鳥羽田在山城人數名六田澁名寺田橋名俱在山城茨田郡名隸河內高田川城名在攝津所名隸豐

後郡名隸安藝又杜名 杉田川闕名 近田川城闕名 沼田川城名俱在攝津又郡名在安藝 遠田闕名在攝津

山田在攝津又郡名隸伊賀又尾張讃岐上野各有此郡名 原田在攝津又田名在豐後 額田郡名隸三河 豐田

郡名隸遠江又郡名隸下總 磐田郡名隸遠江 在田郡名隸紀伊 刈田郡名隸讃岐又郡名隸陸奥 席田郡名

隸筑前又郡名隸美濃 日田郡名隸豐後 井田 富賀田俱所名隸後豐 入田 一萬田 清田 稻田

俱所殿名隸豐後 飽田郡名隸肥後 上田 古田俱在種島隸大隅 石田郡殿名隸壹岐 吉田郡名隸越前又

田名在安藝 坂田郡名隸近江 益田郡名隸飛驒 新田郡名隸上野又郡名隸陸奥又殿名 梁田郡名隸下

野 柴田 遠田俱郡名隸陸奥 秋田郡名隸出羽城名在陸奥 小田郡名隸陸奥又郡名名隸備中又原名 英田

勝田俱郡名隸美作 哲田郡名隸備中 葦田郡名隸備後 巖田 浮田 篠田俱杜名 菊田闕名

生田浦名 勝間田地名 竹田津殿名 武田 寒田 玉田 埴田 富田 木田 疋田

小深田 大田 右田 志田 澡田 柴田 羽田 瀨田 野田 會田俱殿名 龍田山名

地國書地之總數凡一十一萬七千一百四十六町二十三步今此未詳夷地且究人陸鋤墾有名地者見下文 加地所名隸豐後

夷地夷謂陸奥東埀也 友地一曰戶摩在備後 穢地郡名隸隱岐 久土地殿名

宇佛宇國書佛宇總數凡二千九百五十八戶宇一曰鳥羽地名在山城世宇津名在南海山陽之間都宇郡名隸備

中意宇郡名隸出雲

宮瀧名在吉野島名在山陽海中神宮古女王號國書云神宮二萬七千七百一十三準三宮居夷王母王妃王子太后

宮居夷王母后宮居夷王妃東宮一曰春宮院名居夷王子女御宮居夷王之諸女侍小野宮古宮名親

王居之延久三宮夷之先王後三條院時諸子所居大宮在山城又路名疆原宮古宮名在大和夷王神武開居

西宮在攝津齋宮在伊勢俗曰伊勢大宮中祀夷王文德女神野宮在伊勢日向宮古宮名在西島夷之初王

天御開居本宮郡名隸陸奥敦理宮島名在山陽高宮郡名隸安藝又山名事詳武宮殿名二宮

地名

家漢書夷澶二州秦遣方士徐福所居有數萬家又島名勢家所名隸壹後東家殿名

戶魏志瀚海國戶三千餘差未盧國戶四千餘伊都國戶千有餘奴國戶二萬餘不彌國戶千有餘投馬國戶五萬餘趙宋三朝志雍熙初夷王

守平遣僧奝然朝貢併獻職員年代紀內載戶可七萬餘今戶未詳而人孔多又其城門曰木戶後園曰背戶及其土地名戶者知而詳之

荻戶一曰荻戶白馬陳在山城瀧口戶在山城洲戶一曰洲省地名在淡路北戶泊名在淡路浦戶地名

在土佐平戶島名隷西海呼戶島名隷西海島邊平戶或即鄭島瀨戶在肥前久世戶在丹後岩戶

山名江戶殿名坂戶

神國書成宮神三千七百五十不成宮小神一萬七千賀茂神院名內親王神院名大神所殿名隷豐後

矢野神山名

男國書男一十九億九萬四千八百二十八又島名在西海中

女國書女二十九億四千八百二十又島名在西海中采女司名在山城

口趙宋三朝志雍熙初其國隷丁八十八萬二千三百二十九口國書男女之口已註於前又其山城西埀八口及知名者並詳下文

白川口都城東前路武藏口都城東後路宇治口都城東南路小屋口都城西南路鎮口都城西前路鳥羽口都城西後路拊口都城西北路柳口都城東北路瀧口戶殿名樋口路名有田口地名市口一日市口關名俱在山城守口關名在河內淺口郡名隷備中山口地名在周防田口殿名

粟田口江口

關俗謂役所都會四埀多關焉關則編之島津臨口其關頗多不及詳也日玄關夷居中門又有司收居稱關殿云山關五條關

九條關葛川關郡溪關下鳥羽關淀關宇治關銷福川關八幡關鑣輪關市口關（一曰市口關俱在山城）定關逵岸關良平寺關守口關今家內關（俱在大和）天龍寺關幡戶邊關今文庫關今井內關（俱在河內）搽暴關（在和泉）鈴關脇郊關鏡淨關大樹關足屋關籌遲遠關有安莊關笠木關杉田關遠田關近田關方山關宮瀧關殿寺乃母關護命關靈遠里關飛龍寺關牟後關小屋關怡民關今津善川關目野關天摩關（俱在攝津）下紉關（在甲裴）野島磯關（在南海隸淡路）津佐嘉關（在土佐豐後間）門司關（一曰文司關在筑紫）坂關（在豐後）不破關（在美濃）白河關（在陸奥）上關（路名在周防）赤坎關（在長門豐前之間）徒越關（在枕草子）磯波關（一曰利波關）清見關（一曰清見崎）逢坂關井關見目關菊田關

城（州名即山城曰鳳城指都會曰二城謂城樓一謂樓觀彼之城自漢至今以木為之夷都臨口木城廿餘歷詳繪前圖仍見新編）山城（州國名即古山背向為夷都）坊城（坊市名在山城）高城（山名在山城又郡名隸陸奥）燒山城石殿城郡溪城掛城巖倉城六角城（俱在山城）鎮城（在山城又名隸越後）都山中城筒井城磯城（島名

俱在大和高屋城石井城俱在河內山幡城在和泉宮瀧城竹山城小坂城與路城
俱在攝津結城郡殿名隸下總茨城郡名常陸隸筑城郡名豐前隸小城郡名肥後隸益城郡名肥前隸
荒城郡名飛驒隸宮城野山郡隸陸奧名磐城山郡名隸陸奧秋田城界名陸奧隸豐城磯名舟
城山名園城寺名有馬城在幡摩中城雄城俱殿名

日本一鑑絕島新編卷之一

日本一鑑陁島新編卷之二

奉使宣諭日本國新安郡人鄭舜功敘編

山日域射山皆稱夷王壽安鎮國山山於永樂戊戌以國王授冊封其境土皆入職方

御製碑文勒石其上國書本山萬壽寺宇在焉

按洪武乙卯歲春二月癸巳以外夷山川附祭各省山川之次先是禮部尚書牛諒言京師既罷祭天下山川其四夷山川亦非天子所當躬祀乃命議其禮以聞至是中書及禮部奏以外夷山川附祭於各省琉球渤泥日本山川附祭於福建福建山川神位居中外夷山川神位而分東西同壇共祀

上可其奏命中書頒行之將祭則遣官一人往監其祀

靈龜山在山城天龍寺號焉萬年山在山城相國寺宇號焉東山在山城山有建仁寺清水寺清閑寺三井寺苦集城道焉又道名惠日山在山城東福寺宇號焉瑞龍山在山城南禪寺宇號焉龍寶山在山城大德寺宇號

焉嵯峨山在山城比叡山始曰日枝山在山城東北日枝者朝日見於此山斯并其枝故云一日著塵一日我一日比
叡比叡者乃夷王桓武與僧傳教大師開山起造延歷寺供奉天台宗祖之初更賜斯名國書云此山鎮護國家道場夷王本命靈地山廻十
六灣寺蓋三千許香祖延歷度僧文牒由其聞故夷俗云歷度牒醍醐山鹿鳴山南山西山北山高雄
山俱在城宇治山烏羽山各有川俱在山城高野山在山城山麓臨水若張翼人常方便於山涯俗云便所謂
之高野山巖倉山上有城山在山城高城山象中山水分山俱在山城三吉野武花山院名在山
城燒山上有城山在山城又山名在備前鼻岳山在河內河內司牧向有鼻山殿號交野山在河內竹山
上有城久保山十子山俱在攝津方山關名在攝津鈴鹿山山下川曰鈴鹿在伊勢賀賀美山
在遠江又山名在豐前富士山在駿河國書夷王孝靈時斯山一夜自地湧出高如縉那瞻望不盡四時積雪不消俗謂山如女狀
祝富男士故有富士之名
混沌既分山川底定天地之道貴重清寧豈此夷島地湧山出的非陰
盛之極夫夷島也陰極而生巨海中抑富士山在山城之陰斯山一夜
湧出的非陰極之至耶山湧出後女幾為王王藻肆惡夫為妻臣男道

不振如此陰極非山湧出之驗乎

亦打山（一曰亦信土山一曰亦夏土山在下總）熊野山（在紀伊秦通方士徐福祠堂在焉）大門山（淡路島也夷令言國）五龍山（見元史又國書山在豐前宇佐郡胡元舟師敗績其間）彥岳山（在豐後山高插天山麓濱海）阿蘇山（在肥後隋志山石無火起接天俗以為異因行禱有如意寶珠大如雞卵其色青夜明有光湘山野錄宋祥符間詞臣張君房作日本祥光記又何祥光歟）蒜山（在肥後海中）溪山（郡名隷薩摩）種山（在大隅）開門山（在大隅海中相近小河）天堂山（在大隅海中夷曰天官渡蓋原入朝鼓云）堂袖振山（在對馬）後瀨山（在若狹）暗部山　馬鞍山　鏡山（俱在近江）氣山（郡名隷陸奧）村山（郡名隷出羽）千年山（在出羽又山名在丹波）高山（在安藝又殿名）呼都頭禮山（在枕草子）佐保山（山下川曰佐保）高宮山（洪武初吉山報恩禪寺僧雲極奉使入朝）莫越山（一曰莫越闕地產櫻桃）三尾中山（一曰三保中山）鹽斥山（一曰湖子山）波姑禰山（一曰管根山）香暮山（一曰隱暮山）珠惡山（一曰避逸山）鷺坂山（一曰佐記山）巖戶山（一曰大香久山一曰鹿香久山一曰餘香具山）兒許山（一曰許乃母登山）耳梨山（野山之相對無口山）比良山（一曰平良山）狹山（池名）片山（寺名）小山　龜山　沼山　柄山　洲山（俱殿名）青羽山（一曰青葉山）待難山

一日就無山山多杜鵑坂山寺名花山院名無口山伊吹山絲鹿山小鹽山二羽山青菅山石堤山伊頭波多山初瀨山小倉山夫野神山舟城山巨勢山佐夜中山伊駒山丹生山高員山村雲山二村山小幡山足病之山盤城山華小山鳥籠山風越山魂緒山空蟬山猊山早妻山安作沼山三輪山下摶山志豆機山末松山三上山磁石山有明山木棉山蝴山鹽垂山外山龍田山峯沼山金峯山

川其土地也凡水流處多以川名細川在山城北古有細川氏世為山城刺史嘉靖壬午山城刺史姓名細川高國得請勘合遣使入朝不計何年左還細川於東方而今山城刺史者姓名勝長慶也宇治川在山城東宇治山下大井川一日大堰川在山城北嵯峨山閒葛川國名在山城播部川在山城南堀川路院名在山城白川瀧院名在山城淡名在肥後郡名隸陸奧後白川院名在山城賀茂川綱川寧川俱在山城有棲川在賀茂銷川在山城宇巢川女葩川起鷺川俱在山城廣瀨川又郡名隸大和石川郡名隸河內又加賀陸奧名有此郡名又川名在和泉支川在和泉長川杉田川近田川紀川庫里川瑁川沼田川高田

川善川國名俱在攝津鈴鹿川在伊勢鈴鹿山下吾跡川一曰阿波川在近江角田川原名在下總筑

波川在常陸吾川郡名隸土佐山川津名一曰山河在大隅新川郡名隸越中品川在吉備州湯川

寺名在備中素鵞川原名但馬有令川三川俱名殿佐保川在佐保山下漆小川飾川戀

瀬川瀬三小川猪名川井川更科川水神川夏箕川不知哉川竹川田

上川田川玉島川井手玉川神南備川會隈川

海日本之海居濱海東恐海郡名隸大和東海道名又地名即遠海在豐後碧海郡名隸三河南海西海俱道

名內海在日向鬼海島名在西海中飽海郡名隸出羽對海潮海俱古國名鳴海里名蛇海

醉珠海竹母海

島原名在有馬島秋津島一曰秋津洲日本別號秋津島者為東海之大島也本島列國四十九白山城次大河河內和泉攝津伊賀伊勢尾張三河遠江駿河伊豆甲斐相模武藏安房上總下總常陸紀伊若狹越前加賀能登越中越後近江美濃飛驒信濃上野下野陸奧出羽播磨美作備前備中備後安藝周防長門丹波丹後但馬因幡伯耆出雲石見敷島日本別號又謂大和磯城島磤馭慮

島一曰自凝島日本別號磯城島在大和即敷島或來島在和泉奴島係山在和泉海中島為山城羅星

豐島郡名隸攝津又郡名隸武藏長島是二坂為陝田西上入東小間有橋梁二島東西河通山城島皆一攝津地方為山城之門戸

畫島一曰繪島一曰江島孤山在攝津海中志摩島孤山在三河南夷古名州今名一國隸東海見付島孤山在志摩南

中島郡名隸尾張伊豆島孤山在伊豆南八丈島孤山在伊豆島南島近羅剎鬼國八島孤山在相模海中又

八島在肥前海中志賀島北七島見考畧圖在東海中相模南西南海中有七島為琉球界又野島磯名隸安房又磯關名隸

淡路伊伊島孤山在上總海中猿島郡名隸下總東島孤山在下總海中本夷云島謂東夷之島鹿島郡名隸常

陸又郡名隸薩摩淡路島孤山夷古名州今名國隸南海人目之曰大門山島為山城之門戸大門島是五小山在南海中

魚貫淡路為小城之羅星南島孤山一口南國分置阿波讚岐伊豫土佐四州今名國隸南海屋島孤山在阿波北志和久

島是七山或即連島崎南海中錯島為港在屋島東北係屬讚岐夌柏島在土佐蒙島孤山一曰佐嘉關在土佐海中

西島孤山即筑紫島古之拘邪韓國也一曰西國分置筑前筑後豐前豐後肥前肥後日向薩摩大隅九州今名九國隸西海土產硫黃

故多芻泉金御島在筑前仔島在豐後又島名在伯者海中高島在豐後海曲中豐後刺史曾居之一在大隅海中又

郡名隸近江小路島孤山在豐後海中蓑島孤山在豐後海中杵島郡名隸肥前鄜島孤山一曰客鄜舍在

肥前海中野古島孤山在肥前海中志賀島孤山在肥前海中呼子島孤山在肥前海中志賀島西平戶

島（見元史島是孤山在肥前海中呼戶島西）有馬島（孤山在肥前海中海底有脊牽肥前）河島（二山為港在肥前海中有尾島西）天草島（孤山）男島（孤山）女島（孤山俱在肥後海中）細島（孤山在古日向海中）甑島（郡名隸薩摩）根島（在薩摩）小島（孤山在薩摩海中一在大隅海曲一在大隅海中者即天堂山一在備前海中者陽若孤山陰則有脊連備前此島名多不及詳載）乞島（孤山一曰大島人目之日亞甫山寄音押付腿在薩摩海中）黑島（孤山或即古大隅之黑齒國在海中）白不島（孤山在大隅海中）屋久島（孤山在大隅海中即野顧山野顧寄音島島麓之海耀圖頂有白氣尋浮鼓入日日自白雲出產鰹魚）間島（孤山山無人烟而多牛馬故人目之曰牛馬洲在大隅海中）種島（孤山一曰大隅四郡洲乃大隅部曲地方）兩見島（孤山在大隅海中）鬼海島（在大隅海中）硫黃島（孤山在大隅海中王產硫黃故名之）五島（五山交錯為港在西海中又五島在出羽海中）多藝島（孤山在西海中）壹岐島（孤山夷古名州今名國隸西海）對馬島（孤山在肥前海中夷古名州今名國隸西海為朝鮮大防）三島（郡名隸越後又島名在長濱島西一在周防海中）佐渡島（孤山夷古名州今名國隸北陸）止止島（孤山在佐渡海中）竹生島（在近江）松島（孤山在陸奥海中）山跡島（在明石補）真島（郡名隸美作）兒島（郡名隸備前）三郎島（孤山在備中海中）水島（孤山在備後海中）長濱島（孤山在備後海中）釜鴈島（孤山在安藝海中）宮島（孤山在安藝海中）伊都岐島（或即古伊都國孤山在安）

藝海中大島嶺郡名隸周防又島名乃孤山在西海中即乞島也長門嶺島孤山在長門海中敦理宮

島在山陽江輪野島一曰江門野岳觀島在山陽岳石見島孤山在石見海中隱岐島孤山在出雲海中夷

古名州今名國隸山陰本島北對鵰道傑月氏夷謂非人所居少島賀島俱名殿王島川名八角島見元

丈絶景島見淵類集篠火島百津島加作縫島家島美豆小島

嶼邪古嶼波邪嶼多尼嶼俱見唐書

野州名即上野大原野在山城地[?]嬰桃蜻蜓小野一曰三吉野在山城高城山下高野山原名在山城夷第七十

一代女王名號高野又郡名隸陸奧葛野郡名隸山城唐元和間使有滕元葛野吉野郡名大和隸交野郡名隸河

內貝野關名在攝津飯野郡名伊勢隸佐野郡名遠江隸熊野山名在紀伊郡名隸丹後板野郡名隸阿

波江輪野島名一曰江門野岳觀島在山陽阿野三野俱郡名隸讚岐竹野郡名筑後隸大野郡名隸豐

後人越前美濃飛驒各有此郡名速野郡名豐後隸浪野所名豐後隸長野在肥前口野津名在上肥前

野州國名下敝名下野州國名俱隸東山綠野郡名隸上野那須野在下野印南野在播摩御野郡名

隸備前片野郡名隸丹後日野郡名隸伯耆立野牧名矢野河野町野生野植野宇

野供殿名 小野瀬宮殿名 狩野界名 高松野 手枕野 矢田 廣野 淺葉野 引馬野

安陀野 師安陀奥野 白菅 眞野 神樂 小野 巖余野 宮城野 入野 粟津野

源日本王姓自古迄今世繼為王 龍源院名在山城大德寺 寶源 隆源

津其高地北凡流通處多以津名津津崎名在對馬 秋津洲島日本別號 攝津州國殿名隸畿內 今津在攝津又津名在肥

前 志摩津殿名在東海 世宇津在南海 足津在土佐 博多津在筑前 野津所殿名隸豐後

仲津郡殿名隸豐後 藤津郡名隸肥前 大村津 口野津俱在肥前 島津殿名薩摩島主居之永樂戊戌夷王

源義持令薩摩刺史島津滕存中脩日向大隅三刺史入朝 豐津在薩摩 月浦津曰膽月即肝屬在大隅 下津或曰

島津在大津隅 山川津一曰山河在大隅 棒津在大隅唐天寶間本夷來朝新羅梗道始由此津入朝故此津曰入唐道

放生津在越中 石津郡名隸美濃 會津一曰藍津峯郡名隸陸奥 深津郡名隸備後 大津郡名隸長門

海津里名 百津島名 竹田津殿名 粟津野名

巖 愛宕巖一曰愛太子在山城夷昔有曰愛太子與僧慶俊法師所開前此山僧增至上千坊和氣清摩為之檀樾而今僧坊存者五六

愛巖郡名隸山城 遠巖郡名隸若狹

穴曰壁穴秋間也浮穴郡名隸伊豫

巢宇巢川名在山城

陵天子陵謂其王墓一各設官事之

谷白谷所名隸豐後長谷寺名志不谷澤名泥谷長隔谷俱殿名

土州名即土佐按其土斤且墳而難陶故夷之居鮮瓦蓋瓦蓋者僧寺間有之又按尾張土頗可陶其為飲器雖不為美價且貴高常用之器則

一土坯爾怡土郡名隸筑前宇土郡名隸肥後

垣日本都會居天市垣曰王垣即瑞籬神棲也石垣所名隸豐後三垣原名

堤石堤山名

坪蹴鞠坪田坪

坂坂莫大於關東又關名在豐後小坂城名在攝津又所名隸豐後八坂所殿名隸豐江坂一曰戶坂浦名在肥前

赤坂郡名隸備前穗坂驛名鷺坂山名逢坂關名

堀川名在山城又殿名

岐州名即壹岐久良岐郡名隸武藏讃岐州國名隸南海伊都岐島名在安藝海中安岐所名隸豐後壹
岐島州國郡名隸西海土岐郡殿名隸美濃隱岐島州國名隸山陰
崎山崎在山城攝津洲崎四崎室三崎俱在土佐高崎所殿名隸豐後神崎郡名隸肥前又郡名隸近江
島崎在種島津津崎在對馬城崎郡名隸但馬見保崎在出雲清見崎一曰見關清猪見
崎猪島崎穩見崎見始崎見越崎伊良子崎

岡長岡郡名隸土佐又郡名隸陸奥高岡郡名隸土佐日岡郡名隸薩摩片片岡郡名隸上野笠岡一曰
河歌在古播州新迴岡一曰新迴峯新秋岡吉岡平岡俱殿名逝迴岡石代岡檀岡恐岡
語岡渚岡

嶺大島嶺在筑紫又嶺名在周防長門嶺島名在長門北濱海中御公嶺

峯瑞峯院名在山城檀樾豐後刺史源義鎮大峯在紀伊多子峯在上野會津峯一曰藍津峯在陸奥
新迴峯一曰新迴岡赤峯長峯中峯俱殿名多武峯乃夷臣鎌足道場到下峯

岳鼻岳山名在河内彥岳山名在豐後華岳院名在豐後同慈寺右乃豐後刺史源義鑑之香火院

峩　嵯峩山名在山城夷第七十六代王號

崎　國崎郡名隸豐後　宮崎郡名隸日向

石　州名即石見曰細石謂沙也曰青礞石產山城曰瑪瑙石產大和曰水晶產近江曰紫石可為硯產近江長門　磐石郡名隸遠江

立石所殿名隸豐後　殺生石在下野國之須那野國書云其先近衛院有女玉藻前生西域事班足王名斤夫人麗惡絕倫乃請班足殺千人之首以自悅後死托生於中國謂之褒姒一笑傾周再生日本為玉藻傷人無厭化作白狐亦復害人衆族大追之騎射後逝白狐先覺化而為石走獸飛禽觸氣即斃俗名其石殺生云故被以事視悍婦　明石浦郡名隸播摩　神石郡名隸備後　出石郡名隸但馬

浮石池名　生石殿名　磁石山名

磯　野島磯在安房又磯名在近江在淡路海中磯上有鬪　一指　出磯有千島　佐佐島磯　志良上磯　肥

多濤磯　余呂木磯

礁　馬蹄礁在西海中大島西礁石四五繖如馬蹄故人目之

磐　常磐播名

宕　愛宕巖名在山城

洞曰仙洞夷王居指西洞東洞三條洞俱院名在山城

晶曰晩晶餘地也

湘泊湘

岨峻岨山

洄洙洄在下野夷設學校之初思慕洙洄之教學宮兩楞鑿渠以名之

磴天磴

湯島泉多湯有湯之處多產硫黃那須湯在駿河兒湯郡名隸日向犬養御湯在信濃慾留湯殿名

七曲出湯足輕御湯

泉冷泉夷第八十七代王號又路院名後冷泉為夷王先宮院俱在山城和泉州國郡名隸畿內溫泉郡名隸伊豫

水島名清水寺名在山城又地名即志水在土佐又殿名主水司名在山城司領諸國氷室三水郡名隸讚岐赤

水一曰垢水地名在豐後出水郡名隸薩摩射水郡名隸越中野中清水在幡摩印南野德水光水

吉水俱殿名

井 大井川名一日大堰川在山城三井寺名在山城筒井城名在大和石井城名在河內新井郡名隸伊豫

御井郡名隸筑後大佐井小佐井俱所殿名隸豐後真那井所名隸豐後赤井目井地名俱在

日向坂井郡名隸越前淺井郡名隸近江高井郡名隸信濃磐井郡名隸陸奥船井郡名隸丹波玉

井里名城井藤井平井三田井俱名殿閒閒井地名在閒入江松井其名其地多有之

飛鳥井地名夷都之匡有此名號滿圓井

溪 郡溪城闕名在山城一乘溪在越前斯地也冬則藏冰夏六月獻進夷王

谿 三谿郡名隸備後

潭 穗潭在日向

澶 洲名秦漢方士徐福所居

瀨 廣瀨川郡殿名隸大和妻主瀨橫瀨俱所名隸豐後鷹瀨一日高足在肥後小野瀨在肥後磐瀨

郡名隸陸奥戀瀨川名石瀨杜名葸瀨片賀瀨俱殿名初瀨後瀨俱山名澳瀨浦名

池 菊池郡殿名隸肥後大澤池鏡池並池戀沼池益田池水無池浮石池狹山池

勝間田池浮沼池

江（州名即近江又島名一曰畫在攝津海中）一曰繪若江（郡名隸河內）堺江（在和泉攝津間）三江（在東海又江名在肥前）遠江（州國名隸東海又界名）飛驒細江（在甲斐）釜江（在豐後）近江（州國名隸東山）筑摩江（一曰筑間江沼名）間間入江蔦細江洲沙入江大刀作江難波江

河（島名在肥後海中又原名）白河（一曰白川夷先王院名在山城又河名在陸奧有關防白河者蓋地曾白沙風波滌成白水也）小河（在山城）澁河（郡河隸河內）五十鈴河御裳濯河（俱在伊勢）三河（州國郡名隸東海）駿河（州國郡名隸讚岐）寒河（郡名隸讚岐又郡名隸下野）香河（郡名隸讚岐）田河（郡名隸豐前又郡名隸出羽）古河（在豐後）山河（所名隸豐後又河名即山川津在大隅）黑河（郡名隸陸奧）久河（郡名隸周防）濁河市河平河（俱殿名）水名河

沼魚沼（郡名隸越後）江沼（郡名隸加賀）大沼川沼（俱郡名隸陸奧）筑摩江沼（一曰筑間江沼）戀沼浮沼（俱池名）不飽沼淺澤沼伊香沼保可保夜沼

湖筑摩湖與吾湖（俱在近江）

澤鳴澤一曰富士鳴澤在駿河富士山間椿澤郡名隸武藏井澤一曰伊佐在肥前草膽澤膽澤俱郡名隸

陸奥大澤池名淺澤沼曰廣澤志不谷澤田向澤

奥州名即陸奥陸奥州國名隸東山安陀奥野名

澳濱澳所名隸豐後

湊在讚岐白川湊在肥後海中千湊一曰血野湊在大隅

港兵庫港一曰日在攝津護深港在土佐松浦港在平戶

浦生浦在伊勢神師浦在伊勢又浦名在丹後三浦郡名隸相模又郡名隸肥前又界名床浦在上總又浦名

在近江香取浦在下總勝浦郡名隸阿波花浦在伊豫江浦一曰上浦戶浦俱在土佐鹿浦在筑

紫四浦在豐後松浦港郡名隸肥前江坂浦一曰戶坂浦在肥前片浦在薩摩門浦一曰戶浦在大隅

月浦津名一曰膽月即肝屬在大隅明石浦在播摩豐浦郡名隸長門生田浦十輔浦鳴呼浦

瀉見浦風莫浦禰繼浦名高浦風早浦吹飯浦美奴妻浦澳瀨浦淺鹿

浦

泊北戸泊在淡路　椿泊或曰椿宿在土佐　今日泊一曰京泊津　門泊俱在薩摩　大泊一曰大門
泊在大隅
濱住吉濱在攝津　長濱島名在南海中　澳濱所名隸豐後　小濱在若狹　竹濱在陸奥　洲濱　打出
濱
邊幡戸邊郡名在河内　山邊郡名隸大和又郡名隸上總　河邊郡名隸攝津又薩摩出羽各有此郡名　溝邊殿名
垂瀬垂一曰瀬高地名在筑後　沼垂郡名隸越後　鹽垂山名
隈荏隈所名隸豐後　沼隈郡名隸備後　會隈川名
阿洲名即阿波　四阿屋名在山城
陀宇陀郡名隸大和　望陀郡名隸上總
隅州名即大隅　大隅州國郡名隸西海又洲名即種島隸大隅
湡三湡殿名
岸遠岸關名在大和

堺 江名在和泉攝津間

窪 大窪 殿名

曲 河曲 郡名隷伊勢

厓 折木厓 洪武庚戌使臣趙秩初抵此厓

淵 曰龍淵水底也 小淵 牧名

波 曰白波指海涯 筑波 郡名隷常陸 阿波 州國郡名隷南海 礪波 一曰利波關郡名隷越中 那波 郡名隷上野 佐波 郡名隷周防 丹波 州國名隷山陰郡名隷丹後 難波 江名

浪 穂浪 郡名隷筑前

森 殿名 邑樂森 來肖森

杜 篠田杜 一曰信田杜一曰信大杜 石瀨杜 巖田杜 老曾杜 香稚杜 高田杜 起閘杜 難杜 浮田杜 阿波乎杜

林 曰叢林僧寺也 雲林 院殿名 花林 平林 若林 俱殿名

刺江刺郡名隷陸奥

洲秋津洲一日秋津島日本別號夷洲澶洲漢書云夷洲澶洲秦遣方士徐福所居有數萬家人民時至會稽市會稽東冶之人有入海行流移澶洲者所在絶遠不可往來臨海水土志夷洲在臨海東南三千里土地無霜雪草木不死四面是山谿隋志夷澶為秦王國其人同於華夏夫夷澶者即其遠江紀伊也高洲在大隅大隅洲一曰種島孤山隷大隅牛馬洲孤小土產牛馬故人目之一曰開島在種島西珠洲郡名隷能登野洲郡名隷近江

淀關名在山城六田淀在吉野大淀

瀧音羽瀧戸灘瀨瀧白川瀧中路瀧橋名俱在山城宮瀧在吉野又關城名在攝津有瀧在野熊野

轟瀧音無瀧布留瀧田跡河瀧大原瀧

畑小畑一曰小波田地名在安藝切畑殿名山畑

墅曰別墅謂莊也宇墅殿名

橋以木為之唐橋淀橋毋能橋良賀橋今月橋寺橋古衙殿橋無陸里橋大屋橋寺殿橋大寺橋宇殿橋寺田橋府內橋中路瀧橋俱在山城古寺橋在攝津

長原橋在攝津二長島間　久米橋在信濃　八橋郡名隸伯耆　槙繼橋　真野繼橋名兒繼

橋　佐野舟橋　板田橋　常磐橋　田蓑橋　高橋

梁　板梁殿名　魚梁　虹梁

濟　百濟郡名隸攝津又別國名

渡　州名即佐渡夷有司牧糊渡殿　鳴門渡在阿波　天堂官渡在大隅海濱蓋原入朝故名　佐渡島州國名隸北陸

長門渡在山陽　霧渡殿名　久我渡一曰我渡　詩由良渡

日本一鑑隴島新編卷之二

日本一鑑絶島新編卷之三

奉使宣諭日本國新安郡人鄭舜功敘編

都京都夷王都也又郡殿名隸豐前伊都古國名又郡名隸紀伊好古都古國名古都筑紫日向奈良大和皆稱古都云

京曰上京都會也北京山城南京大和西京筑紫東京鎌倉

師曰京師都會也神師浦名安陀師野名一法師殿名

陸常陸州國名隸東海北陸道名

路小路一曰通次一曰圖子又島名在豐後海中油小路萬里小路富小路近衛小路一曰近衛大路大路者其謂御路也勘解由小路押小路一曰鴛小路婦小路一曰姉小路錦小路綾小路楊梅小路北小路鹽小路梅小路鹹小路信乃小路已上之路俱在山城輿路城名在攝津淡路島州國名隸南海東小路西小路戸路一曰東津留即大津留俱在土佐上關路在周防

條路也九條山城之路有九條曰一條二條九條皆路也曰四條雖路而有坊門曰三條五條六條七條八條雖路又別有坊門其一

條小一條二條後二條三條後三條有夷先王古院名其五條九條今各有闕北條殿名

町其土地也每論以町又路名在山城室町正親町四條町俱路名在山城片山寺町殿名田町

寺町

坊夷俗居之通稱稍春宮坊在山城事居之唐內教坊在山城古今歌舞妓之所踏西朱雀坊東朱雀

坊三條坊四條坊五條坊六條坊七條坊八條坊九條坊已上之坊山城市門之坊也

市高市十市俱郡名隸大和安倍市在大和又市名在駿河古市郡名隸河內東市西市古有二市司

餝摩市一曰志賀摩在東海尾總市尾總之間通市名廿日市在肥前又市名在安藝摂此市名夷中多有之

并利市一曰伊力在薩摩辰市辰日作也輕市

府少府監名在山城宰府在筑前其古鎮西九國太宰府左兵衛府右兵衛府俱夷王禁中警固之司西海列

國皆有之左近衛府右近衛府夷都武官之司西海列國皆有之隆府古府別府俱所名隸豐後

鎮守府一曰鎮主府為出羽陸奧鎮東之司

州國書云夷王用明始分置州六十六下文皆是古州名城州古名山背向為都會和州古大和州又謂山科內州一州

和泉攝州已上五州隸畿內伊州伊賀勢州地毗三河摩州孤山古志摩島尾州地毗三河三州

遠州駿州豆州甲州相州武州房州總州或曰持州下總州常州已上十五州隸東

海紀州地毗和泉淡州孤山古淡路島阿州讚州豫州土州已上四州共一山謂南島又謂南國加紀淡共

六州南海隸筑州筑後州豐州豐後州肥州肥後州日州薩州隅州已上九州共一

山謂西島又謂西國即古拘邪韓國也加岐對共一十一州隸西海岐州孤山古壹岐島對州孤山古對馬島皆西海地方若

州地毗越前越州加州能州越中州越後州地毗常陸渡州孤山古佐渡島已上七州隸北陸

江州近江地毗出羽濃州美濃飛州信州野州下野州奧州羽州已上八州隸東山幡

州幡摩作州備州備中州備後州藝州防州長州已上八州隸山陽丹州丹後

州但州因州因州伯州雲州石州隱州孤山古隱岐島已上八州隸山陰

縣大縣郡名隸河內諸縣郡名隸日向上縣下縣俱郡名隸對馬片縣郡名隸美濃山縣郡名隸美濃又

郡名隸安藝小縣郡名隸信濃

邑趙宋三朝志端拱間夷僧奝然謝表云季夏解台州之纜孟秋達本國之郊爰逮明春初到舊邑呼邑古國名

衛近衛（小路名一曰近衛大路有夷王近衛之司）左近衛右近衛（俱夷王都官府名西海列國皆有之）左兵衛

右兵衛（俱夷王都官府名西海列國皆有之）

所（日行在所本王行在之所日伴道所一云伴儻所寺也日咸飯所二階架也日小便所謂後架也）內侍所（溫明殿）臺盤所

（在夷王禁裏）健兒所（右夷王禁裏衆健居之巡警也）大醫藥所（在夷王都會）大歌舞所（在夷王禁裏）記錄

所（在夷王禁裏主詔判之司）為殺所謂關西守護所（見元史國書鎮西探題所）隆府所（自隆府至宗豫皆豐

（後主地之所夷中列國地所頗及其詳莫取收入盍惟豐後地所云）多未古府所勢家所澳濱所笠和所馱

原所荏隈所豐饒所鹽九升所津守所下部所高田所救所荻原所丹

生所佐賀所妻土所臼杵所佐伯所紡方所大佐井所小佐井所入田

所志賀所家中所佐志生所寧目所白谷所浪野所一萬田所朽綱所

白仁所田北所津久見所三重所井田所野津所宇田枝所戶次所清

田所賀來所瀧河內所稻田所撗瀨所挾間所真那井所田原所五田

所田布所觀見所朝見所高崎所別府所石垣所小坂所竈門所里屋

所追間所頭成所日出所加地所山河所八坂所大神所朝來也所藤原所木村所都甲所安岐所真所武藏所伊美所來俻所櫛來所岐部所役見所吉弘所富來所富賀所田濱澳所宗隸所已上皆豊後地所望晾所一曰小探題所在硫黃島祝所

殿名

殿夷君臣民之通稱曰拜殿謂神前曰客殿一曰客櫚白寢殿謂寢處曰湯殿一云風呂一云溫室紫宸殿南殿也清涼殿一曰內侍所大極殿一曰小安殿已上四殿俱本王居主殿監名春宮官舍石殿城名在山城足利殿足利地名其古夷王以地居臣兼名曰殿自足利次鎌倉至赤峯又志摩津及入殿皆夷島內外列國君臣之號之子若孫居列國蓋亦不志本號云新田殿鎌倉殿吉良殿斯和殿細川殿山名殿鼻山殿令川殿濁河殿土岐殿佐佐木殿京極殿石堂殿玉堂殿上杉殿佐升殿千葉殿北條殿富揑殿飯尾殿赤松殿武田殿攝津殿伊勢殿小笠原殿大友殿小貳殿城井殿島津殿貳即志摩津殿大內殿菊池殿河野殿豊後侍者殿日田殿佐伯殿田原殿入田殿朽綱殿一萬田殿志賀殿大神殿本庄殿

清田殿寒田殿德水殿田非殿木付殿石田殿小原殿狹間殿佗摩殿
田口殿雄城殿白杵殿玉田殿賀來殿野津殿市河殿植野殿山下殿
津守殿田次殿竈門殿秋岡殿小山殿久保殿上野殿中村殿田尻殿
下郡殿丹生殿宇野殿德久殿深珊殿葛木殿若林殿葸瀬殿稻田殿
吉岡殿泉原殿森迫殿埴田殿蘆莉殿夏足殿原尻殿藤井殿生石殿
世利殿原殿富田殿三緒殿國分殿豐饒殿闕殿木田殿永富殿松武
殿疋田殿鴝殿阿南殿東家殿武宮殿白仁殿紀殿神志那殿今村殿
笠良殿木怒留湯殿大佐井殿波津久殿八坂殿大津留殿小井手殿
久土地殿平岡殿御久里殿小深田殿升田殿津光水殿坂松殿木上
殿石合殿柰煩殿森殿古庄殿小田原殿夫野殿高山殿首藤殿佐今
殿青殿情殿兵殿賀殿渡殿上殿堀殿秦長殿中峯殿枚梁殿葸木殿
帆殿足大田殿　恒殿長那殿松木殿野上殿小田殿少島殿廣瀬殿

惣良殿魚返殿役見殿原田殿倉成殿村上殿吉弘殿真玉殿右田殿
伊美殿賀島殿麻生殿御来殿波多殿平賀殿疫部殿官迫殿高崎殿
江戸殿風早殿佐保殿升伯殿間富來殿樵原殿生野殿日兎殿五郡
殿長峯殿霧渡殿平林殿日野殿長小那殿祝所殿小野殿鎌木殿長
尾殿成清殿戸上殿龜山殿志田殿三川殿熊殿大和殿寧佐殿深田
殿金丸殿禰父殿秋月殿三渴殿吉田殿一法師殿如法寺殿薬師殿
柴田殿須須木殿吉良殿鳥羽田殿瀬田殿結成殿野田殿馬場殿大
窪殿中城殿志水殿長隔谷殿野下殿會田殿塭月殿泥谷殿弘未殿
切畑殿富高殿橋爪殿木下殿田布殿升尾殿五石殿足五殿平河殿
洲山殿片山寺町殿望月殿平井殿甲裴殿里枝殿安東殿瀧口殿町
野殿清松殿扳部殿赤峯殿志摩津殿（或師津殿）島伊東殿五花殿王持殿
三田井殿戸次殿片賀瀬殿菱殿津久見殿渡菱殿富木殿田殿京都

殿深柄殿雙足殿利光殿袋殿惠良殿朝食殿邊部殿柄山殿御手洗
殿八名殿溝邊殿句殿陶殿玖球殿海部殿入殿（已上皆列國君臣殿號其他地名各有殿
守不及詳考未敢續入）古衢殿寺殿宇殿（俱橋名在山城）
院天子院（指本王居）真言院（修法所在夷王禁裏）東宮院（春宮也夷王子居）施藥院倉穀院勸學
院學館院獎學院淳和院（俱在山城各有官司）東洞院西洞院（俱在山城）朱雀院後朱
雀院一條院小一條院二條院後二條院三條院後三條院三條洞院
冷泉院後冷泉院武花山院上東門院陽明門院陽成院清真院白川
院後白川院堀川院貧融院鳥羽院後鳥羽院崇徳院閑院雲林院寧
福院（俱夷先王古院號）齋院（司名神居）賀茂神院（夷王嵯峨第三女氏居之）賀茂秋院（神院）內親
王神院（夷先親王居之）平等院花林院花山院（俱僧居）龍源院瑞峯院（俱在山城大德寺瑞
峯檀越豐後刺史源義鎮本院住持號稱怡雲豐後僧俗凡入貢都俱寓本院）華岳院（在豐後本先刺史源義鎮之香火院）壽光
院光明院（俱在豐後爲僧之居）寶光院（在法隆寺中）藥師院（殿名闕三字）平覺院（僧居）書院

扉書院

寺國書佛寺二千九百五十八皆僧所居惟鴻臚寺乃館使客之所其古名寺義所聞知者詳見鴻臚寺後鴻臚寺一曰鴻臚館在

山城館別國使惟天使臣其鄰僧衆多請館之於佛寺內受文儒之教別國使人仍館鴻臚自此以下皆僧寺天龍禪寺在山

城霧嶋山乃夷僧夢窗國師道場洪武辛亥使僧祖闡設教於此嘉靖以來寺僧周良兩使入朝相國寺在山城萬年山建仁

寺在山城東山東福寺在山城惠日山萬壽寺在壽安鎮國山夷云寺在九重裏九重裏者九條裏也又寺名在豐後

南禪寺在山城瑞龍山大德寺在山城龍寶山開山宗峯妙超禪大燈高明正燈國師其嗣僧九花和尚知文儒學夷王源知

仁常師之夷使清授受教之寺有龍源瑞峯二院延歷寺在山城比睿山爲夷武藏通國度僧牒文皆出來寺八幡寺一日

八幡官寺在山城仙翁寺在山城嵯峨山其地始產木芙蓉夷人謂之仙翁花清水寺在洛陽東山清閑寺在洛

陽東山南麓三井寺塔寺醍醐寺觀音寺大寺僧寺尼寺古寺[illegible]名俱在山城東大

寺一日南方寺在大和宋雍熙初寺僧奝然奉使入朝良平寺在大和有關防興福寺在大和天龍寺

在河內寺有關防上善寺在攝津飛龍寺三寶寺俱在攝津寺各有關修善寺在伊豆寺產佳紙乃以修

善寺爲名聖福寺在筑前又寺名在長門海藏寺在白杵原寺右龍寶庵奉天使曾館之龍護寺在佐伯莊

豐後刺史香火院寺僧清授為寺住持嘉靖丙辰附貢報使志向海安到明寺在豐後副使清越所居太智寺在豐後寺僧清源科玉皆崇文教之流同慈寺在豐後妙觀寺妙賢寺能賢寺淨居寺天德寺俱在豐後建長寺圓覺寺壽福寺淨智寺淨妙寺俱在關東鍚川寺在備中本寺僧都日宣賓初置鷲鳥之物搗藥之器及水器皆以僧都為名勸修寺在日野報恩禪寺在高宮山洪武初寺僧靈樞奉使入朝如法寺殿名營原寺行基始居藥師寺行基後居法隆寺間有寶光院仁和寺東寺紫金臺寺大安寺聖梵入寺白馬寺六波羅寺雲居寺園城寺祇園寺長谷寺仁王寺天王寺法性寺坂山寺山上寺勝尾寺伽藍寺已上皆夷古寺也

壇

戒壇延歷寺

場

冶場在山城馬場殿名

塔凡人死瘞以塔墳之又寺名在山城

八坂塔在雲居寺

軒

龍雲軒在豐後為僧居

庵

龍寶庵在海藏寺右使曾館之松月庵在豐後大智寺右寺僧清梁居之江水庵在豐後

樓蒼龍樓十二堂曰虎樓清暑堂俱夷王居牟樓郡名隸紀伊鐘樓寺宇有之竹樓竹架之樓

觀江門野岳觀一曰汗輪野島名在山陽

社曰末社謂神也曰寺社僧謂本所三社曰八番大神社在山城曰春日右大和曰天照大神社在伊勢大神社伊勢大

神社乃夷王伊奘諸與妻伊奘册俗呼日月二神熱田神社在尾張出雲大社乃夷先王素盞烏

祠徐福祠在熊野山祀秦遠方士徐福武安王祠在西五島祠漢關羽厲鬼祠在平户祀唐厲鬼祠啟嘉靖之初於

時唐人私行市舶島夷好貨輙殺私商未幾天乃雨血其地地復出血島夷俱哭所殺私商皆見夢於島主島主寢疾立祠祀之其島始安

牧所名隸豐後小笠原牧在甲斐穗坂牧鳥養牧小淵牧立野牧望月牧

守列國郡所諸司牧居稱守石野守殿名一曰石上殿靚景初間賜使銀章今藏本守家津守所殿名隸豐後

鎮城名在山城

部掃部倉部式部治部兵部刑部民部工部已上俱夷王都之官省列國亦設此官司縫部織

部俱夷王都之官司幡部川名在山城八部郡名隸攝津海部郡名隸尾張又紀伊豐後隱岐名有此郡殿名

春日部郡名隸尾張岐部所名隸豐後浦部室部俱地名在豐後暗部山名在近江一部地名在陸

輿産良馬聲部一曰壁在安藝地名坂部瘦部邊部俱殿名

屬肝屬一曰膽月一曰月浦津部名隸大隅

司曰檜司謂東司指廁也宿直司大舍人居之節令會時諸司宿直於司也縫部司縫拔庭幃衣服之司物作事司

內近中書令司武官司兵部文官司吏部隼人司百官名張歌見大行別事司舞司獄司獄囚是司

織部司司織機內膳司司內膳造酒司司內酒采女司諸國采女所司主水司主領諸國水室

鑄錢司而今罷鑄惟用中國古錢齋院司神宮鷹司路名巳上之司俱在山城東市司東市京司管領買賣

財貨真偽之所西市司西京市司事同東京門司一曰文司名在號紫闕名綱司見考署庫司謂雜舍

監秘書監經籍圖書佛像紙筆之司少府監金銀珠玉御服之司綾錦司天監陰陽星曆之司國子監太學

之司主膳監春宮膳司

署主殿署春宮灑掃司主馬署春宮御馬司主工署春宮修理司

省中務省中書令詔旨勅命之司式部省吏部內外文官之司治部省禮部民部省戶部兵部

省內外武官兵甲之司刑部省事理囚人沙汰之司大藏省諸國錢米金銀珠玉雜物之司宮內省司農官職經理

諸國雜物官田之司 宗人省 親王之司

臺野馬臺 日本別號後漢書云耶馬臺國一名耶摩維國 彈正臺 一日霜臺是關風俗肅清非違事司今檢非使中始之所

紫金臺 寺名 帳臺 舞臺

閣樓閣

街國街 一日府國一日府中即府內夷中列國之稱通

學勸學獎學 俱院名在山城

校學校 在下野之足利在俗謂風世

北門 指夷王居

舍 日精舍謂寺也日寮舍居官也 昭陽舍 一日梨壺 淑景舍 一日桐壺 飛香舍 一日藤壺 凝花舍 一日梅壺 襲

芳舍 一日雷鳴壺已上五舍夷王子居 西山精舍 見考畧 客舍 即鄽島在肥前又行旅寄寓之通稱 雜舍

庫司

館學館 院名在山城 鴻臚館 一日鴻臚寺在山城事詳寺

廷 朝廷本朝之廷

庭地名在土佐又掖庭指王居 大庭郡名隸美作

堂曰東堂西堂僧寺多有之日祠堂島宇多有之 十二堂蒼龍樓 清暑堂白虎樓 天堂山名在西海中其曰天堂

官渡蓋原入唐故名 石堂 玉堂佛殿名、

倉 高倉官倉又路名在山城 巖倉山名在山城山上有城 鎌倉郡殿名隸相模 小倉一曰國羅或即小郡在豐前又

山名 朝倉殿名

庫 文庫在山城又大和下野各有之 金澤文庫在相模 武庫儀伏兵器所又郡名即兵庫隸攝津

藏 曰眠藏臥所也曰土藏穴也 大藏省名 武藏州國名隸東海又所名隸豐後 海藏寺名在白杵原

局 內記局柱下中務省 監物局城門管鑰鈴印使符飛驛承事之司

壺 梨壺昭陽舍 桐壺淑景舍 藤壺飛香舍 梅壺凝香舍 雷鳴壺襲芳舍已上五壺夷王子居

窗 洲窗地名在淡路 西窗地名在種島 牛窗地名在備前

樓 曰神樓一云瑞籬 有樓川名在賀茂 小栗樓地名

廨會廨一曰會下寺也

鄙島名一曰客舍在肥前又鄙也行旅寄寓之通稱

櫚客櫚一曰客殿

園曰菜園茶園藥園夷地多有之曰後園俗謂後架夷居多有之祇園寺名

籬日本之區居東海東北濱月氐西緣韓遠青齊淮揚吳越南對閩廣馭之以道為中國之藩籬馭之不中為中國之近寇曰瑞籬神樓也

茂架籬

厠一曰僧司僧司者乃律家所稱一曰東司一曰西淨一曰雪隱一曰便所一曰高野山事詳山

室町名在山城又地名在播摩曰庵室謂僧居曰奧室帳內也冰室在越前之

一東溪冬月藏冰夏六月朔進夷王

房州名即安房宮房居夷王妃漢魏永樂三賜金章及賜勘合俱藏宮房安房州國郡名隸東海慈光房香雲房

一乘房俱僧舍

屋島名在南海曰身屋謂家也四阿屋在山城大屋驛名在山城高屋城名在河內細屋地名在和泉小

屋（闕名在攝津）足屋（闕名在攝津地名在豐前）里屋（郡名隸筑前）里屋（所名隸豐後）鹽屋（郡名隸下野）窪

屋（郡名隸備中）店屋（俗謂且過）產屋（俗多有之）赤土小屋（賤者所居）埴生小屋（土民所居）部屋木

屋

莊（曰山莊別業別家也）松里莊（在山城）有安莊（闕名在攝津）御莊（在土佐）臼杵莊佐伯莊（俱在古日

向）足利莊（在下野）本莊古莊（俱殿名）

居（曰閑居別業別墅也曰鳥居一云神門猶言華表曰御出居謂俗產）淨居（寺名在豐後）長居（里名）雲居（寺名）

閨局閨

門（曰才門夷民居稱）陽明門（又夷先王古院名）待賢門郁芳門美福門朱雀門皇嘉門淡

天門藻壁門殷富門安嘉門偉鑑門達智門（已上十二門皆夷王宮四垂之門也）春花

門（禁中門也）土御門中院久祇土御門中御門春日大炊御門花山大炊御

門三條坊門堀川三條坊門四條坊門五條坊門六條坊門七條坊門

八條坊門（已上門名俱在山城）上東門（院名在山城）大門（山名即淡路又島名是五小山為山為山城羅星泊名在）

大隅鳴門渡名在阿波山門郡名隷筑後竈門所殿名隷豊後開門山名在西海大隅之濱長門島渡

州國名俱隷山陽神門郡名隷出雲又鳥居猶華表謂禪定門墓所

瓦軍瓦一曰江坂浦一曰戸坂浦在肥前

壁一曰聲部地名在安藝

架一曰後架小便所也夷居多有之曰二階架一云飯間盖一云盛飯所夷居多有之

座着座一曰日枝一曰比睿一曰一我山名在山城高座郡名在相模上座下座俱郡名隷筑前

階曰二階一云二階架盛飯所也

竈塗籠竈土民所居

爐地爐

幡州名即幡摩曰破幡指海寇八幡閼寺名在山城山幡閼城名在和泉印幡郡名隷下總因幡州國名隷山陰小

幡山名

盖曰飯間盖二階架也

舟佐野舟 橋名
船磐船 郡名隸越後
維耶摩維 國名即耶摩國日本別號 支維 古國名
丸烏丸 路名在山城 穐丸金丸 俱殿名
筥櫛筥 路名在山城人事櫛筥故名之
筑都筑 郡名隸武藏 伊筑 地名在薩摩
盤臺盤 所名在山城
籠烏籠 山名 塗籠 竈名土民所居
袋 殿名
輪鐎輪 關名在山城 成輪 地名在古備州 三輪 山名
鐵 小路名在山城人居市鐵故名之
臼柚臼 一曰植宿地名在薩摩

繩禰繩浦名

簑島名在豐後海中田簑橋名

椎香椎社名

鑑偉鑑門名在山城

釜江名在豐後

箕徃箕里名夏箕川名

機志豆機山名

鈴關名在攝津五十鈴河名在伊勢

綱川名在山城杇綱所殿名在豐後名綱司名見考畧

笠小笠原名一曰小笠原牧在甲斐御笠郡名在筑前

柄長柄郡名隷上總深柄殿名

枅被枅郡名隷肥前臼枅莊郡所殿名古隷日向今隷豐後

升佐升殿名

畫一曰繪一曰江島名在攝津海中

具餘香具一曰巖戶一曰天香久一曰鹿香久山名

物監物局名在山城

樂設樂郡名隷三河

枕手枕野名

衾男衾郡名隷武藏

棉木棉山名

緒魂緒山名 三緒殿名

布田布所殿名在豐後

綾小路名在山城人居作綾故名之 餘綾郡名隷相模

羅幡羅郡名隷武藏 新羅郡名隷武藏又別國名 國羅一曰小倉或印小郡在豐前 始羅郡名隷大隅 六波

羅寺名

錦 小路名在山城人居作錦故名之又郡名隸河内

錢 鑄錢 古司名錢向羅鑄惟用中國古錢

金 出陸奥銀出陸奥但馬石見等處鉛出金銀礦中銅出小城石見出鐵豐後越中備中陸奥者佳缸山石見 比金 郡名隸武藏

珂 那珂 郡名隸武藏又筑前日向名有此郡名 多珂 郡名隸常陸

琍 深琍 殿名

珠 琍珠 州郡名隸能登 球珠 一日玖珠郡殿名隸豐後 醉珠 海名

玉 鹿玉 郡名隸遠江 崎玉 兒玉 俱郡名隸武藏 真玉 所殿名隸豐後

寶 龍寶 山名在山城庵名在豐後

璧 藻璧 門名在山城 真璧 郡名隸常陸 合璧

書 院名 秘書 監名在山城 扉書 院名

由 勘解由 官司小路名在山城

懸延懸寺名在山城

句殿名

記㕧記局名在山城

訓乙訓郡名隸山城

謨訥謨郡名隸大隅

録記錄所名在山城

未弘未殿名

坎赤坎關名在長門

天司天監名　淡天門名俱在山城

宸紫宸爽王南殿名在山城

日州名即日向日本正東去扶桑四十餘日東南去羅刹鬼一日正南去大琉球四五日西南去小琉球八九日正西入寧波五六日西北去朝鮮一日正北去月氏一日東北去毛人一日自山城陸行至關東二十五日關東陸行至陸奧五十餘日陸奧東西相距八十日南北相距

四十日一自山城水行至大隅三十餘日陸行至大隅五十日一自山城水行至豐前凡十日陸行渡長門至豐前二十五日豐前水行次足屋至大隅約十日陸行至大隅二十五日肥前水行入遠陽三四日入淮安四五日大隅水行入寧波五六日入福建十日入湖州十餘日入廣東十二三日一自豐後水行渡土佐次山城十二日南島曲徑如羊腸未獲程日西島南北行五日也

春日部郡名隸尾張

今日泊名一日京泊津在薩摩

廿日市名在肥前又市名在安藝其設市也多有廿日之名

月

月唐書本國東西行五月南北三月考畧至其境踰月入其都

今月橋名在山城

松月　江月俱庵名在豐後

膽月即肝

屬郡名隸大隅

後月郡名隸備中

望月牧殿名

秋月　堀月俱殿名

雲

雲州名即出雲

白雲一日屋久島名在西海中

出雲州國郡名隸山陰

村雲山名

龍雲寺名

雨

霖雨里名

曇

安曇郡名隸信濃

嵐

宜嵐

冰

碓冰郡名隸上野

火

篠火島名

初浦　初島名

早風　早浦郡殿名隸伊豫

夕日　夕里名

夜賀　夜郡名隸備中　可保夜沼名

暮香　暮山名

昨羽　昨郡名隸能登

常　州名即常陸

年萬　年山名在山城　千年山名在出羽又山名在丹波

紀　川名在攝津州名即紀伊又殿名　志紀郡名隸河內　多紀郡名隸丹波

暑清　暑堂名在山城

涼清　涼夷王西殿名在山城

秋賀茂　秋神院名

疑自疑島名即破駁處日本別號

古野古島名在西海　賀古郡名隷播摩　耶古嶼名見唐書

今津名在攝津又津名在肥前　佐今殿名

景淑景舍名在山城　絶景島名在西海見淵隷集

光壽光院名在豐後　寶光院名在法隆寺中　利光殿名

明溫明夷王東殿名在山城　陽明門名又陽明門院俱在山城　昭明郡名隷伊勢　到明寺名在豐後　光明院名在豐後　有明山名

陰山陰道名

陽洛陽夷郡夷人慕華夏故名之　昭陽舍名夷王子居　山陽道名

王女王國名日本別號　秦王古國名爲古夷澶二洲即今遠江紀伊之地秦道方士徐福居之　天王　仁王俱寺名

臣躬臣古國名

官文官武官俱司名在山城

翁仙翁寺名在山城

公御公嶺名

禰波姑禰

父秩父郡名隸武藏 養父郡名隸肥前又郡名隸但馬 禰父殿名

母殿寺乃母闕名在攝津

伯州名即伯耆又地名在日向 佐伯莊所殿名古隸日向今隸豐後又郡名隸安藝

相州名即相模

親正親町名在山城

嫂阿嫂地名

夫信夫郡名隸陸奧 知夫郡名隸隱岐

婦一曰姉小路名在山城

妻駒妻一曰小豆地名在土佐 上妻下妻俱郡名隸筑後 吾妻郡名隸上野 早妻山名 美奴妻補名

兒健兒所名在山城可兒郡名隸美濃

子日圖子一云通次小路也天子院名通入障子一曰鳥居猶言華衣乃山城紫宸殿北七迴中峯之名國子殿名

十子山名在攝津多子峯名在上野酌子地名在備前枕草子地名伊良子崎名

郎油不郎地名在大隅三郎島名在南海山陽間

姊一曰姉小路名在山城

娃疑娃郡名隸薩摩

民惱民關民名在攝津又殿名

兵部名在山城庫名在攝津又殿名

工部名殿主工監名春宮官舍

士富士山郡名隸駿河

客殿舍名欄

賢待賢門名在山城妙賢能賢俱寺名在豐後

友　大友（戳名在豐後豐後司收居稱大友）

吾　為吾（古國名）

佘　巖佘（野名）

我　稻我（郡名隸陸奥）　久我（一日許我渡名）

爾（日旁爾四至也）

伊（州名即紀伊伊伊島名）　紀伊（郡名隸山城州國名隸南海入界名）

禪　南禪（寺名）　天龍禪（寺名伊在山城）　報恩禪（寺名在高宮山）

僧（寺名在山城）

尼（寺名在山城）　多尼（嶼名見唐書）

人　東鯷人（古國名見漢書）　宗人（省名）　隼人（司名俱在山城）

鬼（古國名）

倭（日本國也）

夷（東方人號又古州名秦遣方士徐福所居）朝夷（郡名隸安房）

胡多胡（郡名隸小野）

單（日單郡）

奴（古國名有二焉又島名在南海）彌奴蘇奴鬼奴烏奴華奴蘇奴（俱古國名）甲奴（郡名隸備後）

羌（日羌殿名）

魚（梁名）

蛇（海名）

龍（日本山龍自閩永寧衛間抽一脈去深滬渡海乃結彭湖島再渡海結小琉球島魚貫渡海結大琉球島更渡海結大隅即西島至豐前更渡海結長門一枝東行結陸奥中枝盤旋）

虎白虎（樓名在山城）

虹（梁名）

熊（殿名）猪熊（路名在山城）

蜓 蜻蜓 日本島名又小野名

蜩 山名

雀 東朱雀 西朱雀 俱坊市名 朱雀 門院名 後朱雀 院名俱在山城

兎 日兎 殿名

蝶 蝴蝶 日本地形

獄 司獄 圜扉

駒 伊駒 山名

烏 飛烏 并名夷狄之臣有此號

鷹 釜鷹 島名

猊 山名

鳩 殿名

鷲 一曰柳小路名在山城

鳥　大鳥郡名隷和泉又郡名隷周防

蟬　空蟬山名

豫州名即伊豫　伊豫州國郡名隷南海　宗豫郡名隷筑前所名隷豐後

龜山名　靈龜山名在山城

牛　佐女牛一曰佐目牛路名在山城

鷹司名在山城瀨名在肥後

鷺　起鷺川名在山城

羊　風羊郡名隷讚岐

猪　三猪郡名隷筑後

鹿　鈴鹿山郡名隷伊勢　山鹿郡名隷肥後　牡鹿郡名隷陸奥陸奥之郡有二牡鹿云　平鹿郡名隷出羽　何鹿郡名

隷丹波　秋鹿郡名隷出雲　絲鹿山名　淺鹿浦名

馬　野馬臺名日本古號野馬之野漢書為邪日本為野　白馬陵名在山城又寺名　主馬監名春宮官舍　有馬城郡名隷攝津

島名在肥前相馬郡馬隸下總美馬郡名隸阿波牛馬洲名一日間島在西海島產牛馬故人目之對馬州島

國名在西海鞍馬山名在近江羣馬郡名隸上野但馬州國名隸山陰投馬斯馬俱古國名引馬野名

驛飛驛州國名隸東山

駿州名即駿河

角六角城路名在山城黑角地名在豐前八角島名見元史

頭日塔頭庵院也日社頭神宮也獨鉅頭夷謂本島之形如獨鉅頭益頭郡名隸駿河智頭郡名隸因幡

目日際目方境限也寧目所名隸豐後見目關名

髮寶髮郡名隸三河

手日繩手田間直路鞍手郡名隸筑前小井手殿名

足鵜足郡名隸讚岐高足一日鷹瀬地名在肥後鹿足郡名隸石見帆足夏足雙足俱殿名

趾交趾地名在平戶又別國名

尻田尻原尻俱殿名

甲 州名即甲斐 愛甲 郡名隸相模 都甲 所名隸豐後 山甲 地名在長門

尾 州名即尾張 靈尾 地名在山城 梅尾 地名在山城土產茶 小野尾 地名在河內 飯尾 升尾 長尾 俱殿名 勝尾 寺名

耳 地名在古日向

肚出肚 一曰山原在安藝

蹄馬蹄 碓名在西海之中大島之西

藹黑藹 古國名或即黑島今俗好為黑而人通目之

氣和氣 郡名隸伊豫又郡名即分氣在備前 多氣 郡名隸因幡

背山背 一曰山城夷都會也

皮斯皮 郡名隸陸奧

志一志 郡名隸伊勢 荅志 郡名隸志摩 合志 郡名隸肥後 久志 一曰豐津在薩摩 志布志 地名在大隅洪武甲寅志布志島津越後守臣民久等繆遣僧貢以無日本國王命却之 古志 郡名隸越後

毛　三毛郡名隸筑後　上毛　下毛俱郡名隸豐前　熊毛郡名隸大隅又郡名隸周防

羽　州名即出羽　上鳥羽地名　下鳥羽闕名　鳥羽山口田院名在山城　後鳥羽院名　音羽瀧名俱在山城　丹羽郡名隸尾張　天羽郡名隸上總　足羽郡名隸越前　措羽郡名隸陸奥　出羽州國郡名隸東山又界名　青羽一曰青葉山名　二羽山名

雄　高雄山名在山城

跡　田跡河瀧名

迹　山迹一曰山止即古大和日本別號

形　曰屋形指親王　寶形夷謂島字如寶形

肥　州名即肥前

飛　州名即飛騨

食　喝命地名在大隅　朝食殿名

飼　城飼郡名隸遠江

飽不飽 沼名

含美含 郡名隸但馬

墟 小路名在山城人居市墟故名之

酒造酒 司名在山城

醐醍醐 山名在山城東第八十四代王號又寺名

油 小路名在山城人居市油故名之

米久米 郡名隸伊豫又美作伯耆各有此郡名又橋名在信濃 登米 郡名隸陸奥

飯大飯 郡名隸若狹 吹飯 浦名

饍内饍 司名 主饍 監名俱在山城

音觀音 寺名在山城

呼不呼 古國名 嗚呼 浦名

吹伊吹 小名 田吹 殿名

歌 河歌一曰笠岡地名在古備州

鳴 鹿鳴山名在高野原

讚 州名即讚岐 夷讚郡名隸上總

言 真言院名在山城

唯 周唯郡名隸上總

飾 葛飾郡名隸下總

清 成清殿名

淨 曰西淨謂厠也 鏡淨關名在攝津

淡 州名即淡路

藍 伽藍寺名

黃 琉黃島名在西海

濃 州名即美濃 安濃郡名隸伊勢又郡名隸石見 美濃州國名隸東山又郡名隸石見 信濃州國名隸東山 津濃郡名

隸周防

巨濃郡名隸因幡

麗高麗郡名隸武藏又別國名

黑島名在西海河名在陸奧

紫筑紫島名在西海

丹州名即丹波

青殿名

日本一鑑絶島新編卷之三

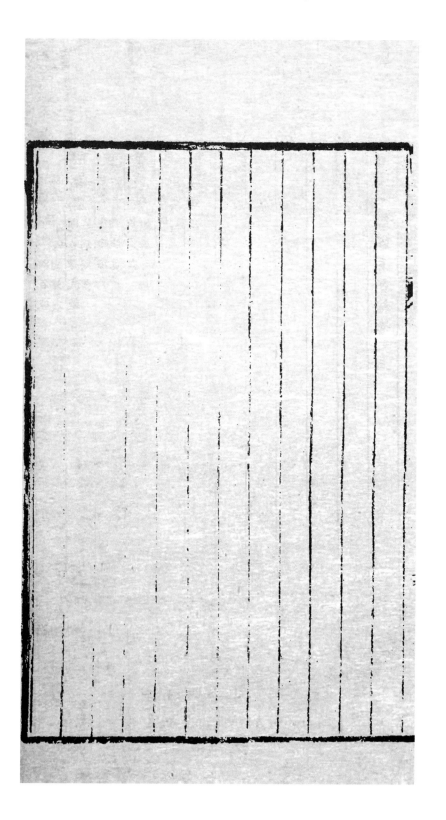

日本一鑑隴島新編卷之四

奉使宣諭日本國新安郡人鄭舜功敘編

花　春花門名　凝花舍名俱在山城　立花殿名

葩　女葩川名在山城

片　片岡

根　曰新賀根還基址也　初日根郡名隸和泉　三根郡名隸肥前　阿久根地名在薩摩　島根地名在大隅郡名隸出雲　利根郡名隸上野　管根一日波姑稱山名

本　日本古倭國　山本郡名隸筑後肥後出羽各有此郡名　松本地名在肥前　粟本郡名隸近江　坂本地名在近江又地名在幡摩

柏　島名在土佐

梓　曰舊梓古鄉也

樹　大樹關名在攝津　橘樹郡名隸武藏

木（曰柵木一云尺木城構也）析木（屋名洪武庚戌使臣趙秩初抵此屋）笠木（關名在攝津）三木（郡名隸讃岐又郡名隸播磨）

志木（地名在肥後）赤木（地名在種島）舟木（地名在長門）古余呂木（磯名）佐佐木須須木

鎌木松木葸木蔦木笠良木富木（俱殿名）

杉（原名産紙處）坂杉（殿名）

種（島名在大隅海中）

榑不榑（山名）

藤首藤（殿名）

菅音菅（山名）

荄渡荄（殿名）

枝日枝（一曰比睿一曰着座一曰一我山名在山城）宇田枝（所名在豐後）里枝（殿名）

蒙（島名在土佐海中）

竺支竺（國名日本別號）

竹山名在攝津島名在豐後又島名在伯耆海中原名在安藝又川名

柳西柳原名

松島名在陸奥海中原名在平戶 赤松殿名在幡摩 末松山名 生松原名 高松野名 清松坂松

俱殿名

梅小路名 楊梅小路名俱在小城

杦上杦殿名

藥施藥院名 大醫藥所名俱在山城

葦原名即豐葦日本別號

穀倉穀院名在山城

瓜橋瓜殿名

豆州名即伊豆 幡豆郡名隸三河 伊豆州國名又界名島名俱隸東海 小豆一曰駒妻地名在土佐

蒜山名在西海中 畔蒜郡名隸上總

穗 赤穗郡名隸播摩
梨 山梨里郡名隸甲斐 洽梨郡名隸薩摩 磐梨郡名隸備前 耳梨山名相對無口山
麻 巨麻郡名隸甲斐 宇麻郡名隸伊豫 詫麻球麻並郡名隸肥後
草 深草地名在山城 名草郡名隸紀伊 伊佐草一曰井澤地名在肥前 天草島名郡隸肥後 高草郡名隸因幡
荻 戶名一曰荻戶白馬陳在山城
蘇 阿蘇山郡名隸肥後 安蘇郡名隸下野 惠蘇郡名隸備後 對蘇古國名
茨 三茨郡名隸備後
葉 千葉郡名隸下總 標葉郡名隸陸奥 淺葉野名
栗 葉栗郡名隸尾張 小栗棲名
桑 小扶桑國名日本別號 生桑郡名隸筑後 千桑界名
粟 宅粟郡名隸播摩
茂 賀茂川名在山城郡名隸三河伊豆美濃安藝各有此郡名又院名 羽茂 加茂俱郡名隸佐渡

芳郁芳門名襲芳舍名俱在山城

香飛香舍名山城在伊香郡名隸近江

臭伊臭郡名隸陸奥

一州名即和泉郡名在陸奥

二宮名十二堂名在山城

貳小貳殿名

三州名即三河江名在東海又江名浦名俱在西海島名在長濱島間一在周防海中隼三宮名延久三宮名俱在山城室

三崎名在土佐

四州名阿波讚岐伊豫土佐即四國又村名在淡路浦名在豐後

五島名在西海又五島在出羽海中

六六角路也城也在山城

七島名在東海中見考畧圖又七島在西南海中為琉球日本之界

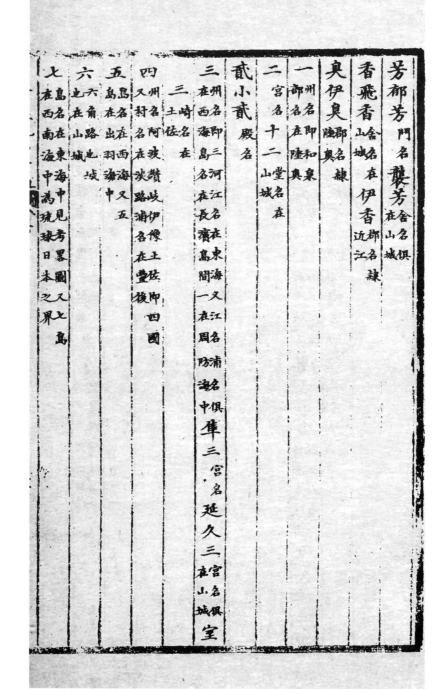

八 島名東西二海各有之 安八 郡名隸美濃
九 州名筑前筑後豐前豐後肥前肥後日向薩摩大隅即九國 戶九 一日戶久一日三原在備後
萬 隋志樂戶十萬 一萬 田名在豐後
丈八丈 島名在伊豆海中
倍安倍 郡名隸駿河
對 州名即對馬
乗一乗 溪名在越
姓疑姓 郡名隸薩摩
名桑名員名 俱郡名隸伊勢 八名 郡名隸三河又殿名 濱名山名 俱郡名隸遠江又殿名 津名 郡名隸淡路
玉名 郡名隸肥後 飯名 郡名隸出雲 猪名 川名 水名 河名
諱基諱 郡名隸肥前
唐 橋名在山城

韓狗邪韓 古國名即筑紫島也

盧末盧 古國名

吳與吳 湖名

陶 殿名陶氏者居尾張其先以陶著名故陶氏也自先嘗為尾張守

廣葵廣 郡名隸志摩

曾老曾 社名

張名張 郡名隸伊賀 尾張 州國名隸東海

呂 曰風呂一云溫室湯殿也

莫風莫 浦名

耆伯耆 州國名隸山陰

壽萬壽 寺名在山城又寺名在豐後

長泰長 殿名

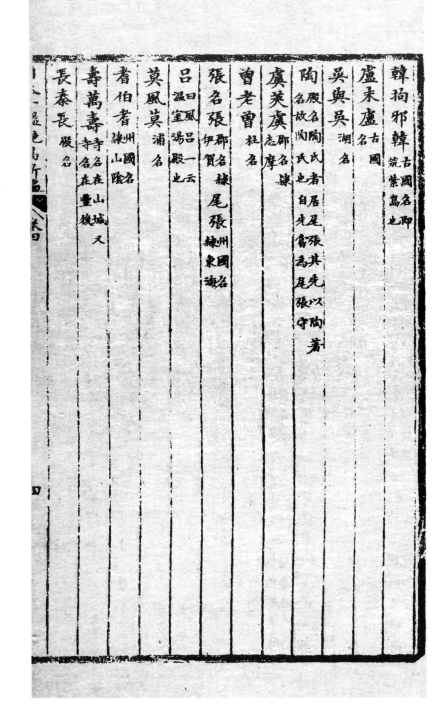

命護命 關名在攝津
性法性 寺名
情 殿名
法如法 寺名
出日出 所名隸豐後 七曲出 湯名 指出 磯名有千鳥
覺圓覺 寺名在關東 禰覺 里名
負婦負 郡名隸越中
見伏見 地名在山城 横見 郡名隸武藏 覲見 朝見 俱所名隸豐後 津久見 役見 俱所殿名隸豐後 兩
見 島名在西海 會見 郡名隸伯耆 石見 州國名隸山陰 瀉見 浦名 猪見 穗見 俱崎名 清見 崎名 關
勝熊勝 郡名隸出羽
押着押 里名 水押
利井利 一曰伊力市名在薩摩 足利 莊郡殿名隸下野 宇曾利 地名在陸奥 巴利 古國名 世利 殿名

保久保殿名在山城為夷相居山名在攝津佐保山川殿名見保崎名伊香保沼名

暴探暴關名在和泉

生壬生路名在山城植生郡名隸上總郡名隸下總又丹生所殿名隸豐後郡名隸越前佐志生所名隸豐後

蒲生郡名竹生島名俱隸近江殺生石名在下野桃生郡名隸陸奥羽丹生地名在越中放生

津名在越中麻生殿名

總州名即上總尾總市名尾總之間通市也上總州國名隸東海又界名下總州國名隸東海又界名

舞臺名大歌舞所名在山城

越州名越前即徒越關名在枕草子風越莫越俱山名

坐掛坐地名在長門

那真那井所名隸豐後伊那郡名隸信濃安那郡名隸備後神志那長那長小那俱殿名

等平等院名為僧居也平等者謂無他慮尊尚佛乘佛猶夷王相平等爾

御殿名一曰清涼御日本王居土御中御春日大炊御俱門名在山城女御宮名在山城金御島名在筑

前犬養御湯名在信濃
瀉肥多瀉礒名
模相模州國名隷東海又界名本模郡名隷美濃
宿椿宿一日椿泊地名在土佐植宿或曰油白郡名隷薩摩車宿地名山城邊東多有大車之宿處
狩一日滿在豐前又野名
度有度郡名隷駿河多度郡名隷讚岐
裸古國名
洗御手洗殿名
支川名在和泉巴百支郡支俱古國名
縫楯縫郡名隷出雲加作縫島名
押一日篤小路名在山城
攝川名即攝津

五足五 郡名隷武藏又殿名 今五 郡名隷越前

輔十輔 浦名

廹宮廹森廹 俱殿名

過且過 地名行旅宿處

造玉造 郡名隷陸奥

達安達伊達 俱郡名隷陸奥 阿達 原名在陸奥

許兒許 一曰許乃毋登山名

訪諏訪 郡名隷信濃

聞起聞 杜名

殺企殺 郡名隷豐前

護日護 一曰兵庫又地名在攝津 西守護 所名在西海 龍護 寺名在豐後

揑富揑 殿名界名

會（曰郡王郷也）會夷　度會（郡名伊勢）隸

侍遠侍（俗屋）

葪參葪（郡名大隅）隸　蘆葪（殿名）

觀妙觀（寺名豐後）在

科山科（地名山城）在　填科（郡名信濃）隸　更科（川名）

加（州名加賀）即

合石合（殿名）

動石動（地名能登）在

付木付（所殿名隸豐後）見付（島名下海）在

稱美稱（郡名長門）隸

拜阿拜（郡名伊賀）隸

止（止止島名在佐渡北）山止（一曰山迹日本別號）

備州名即備前

覧智覧郡名隷薩摩

取香取郡名隷下總　名取郡名隷陸奥

賜置賜郡名隷出羽

分水分山名在三吉野　大分郡名隷豐後　國分殿名

瑳遠瑳郡名隷下總

薩州名即薩摩

富小路名　殿富門名俱在山城　永富殿名

豐州名即豐前

厚殿名

防州名即周防　周防州國名隷山陽又界名

武州名即武藏　阿武郡名隷長門　多武峯名　松武殿名

射武射郡名隸上總

勢州名伊勢即能勢郡名攝津隸伊勢州國名隸東海又界名巨勢山名

題探題所名在筑紫國書鎮西探題探題者探聽聲息奏題也

還高還路名在山城

作州名美作即伊作郡名薩摩隸美作州國名隸山陽大刀作江名

住大住郡名相模隸

留都留郡名甲斐隸大津留或曰東津留一曰戶路殿名在土佐怒留湯名布留瀧名

紉下紉關名甲斐在

好三好郡名隸阿波其都武臣滕長慶世號三好長慶世武而且好文故能思仁慕義使方耶律楚材云

悉珠悉一曰灘近山名

藝州名安藝即庵藝郡名伊勢隸多藝郡名隸伊勢又郡名隸美濃島名隸西海安藝郡名隸土佐又州國郡名隸山陽武藝郡名美濃隸

陳荻戸白馬陳地名在山城
入殿名真入郡名隸豐後汗入郡名隸伯耆洲沙入江名聖梵入寺名
繼粺繼郡名隸陸奥楨繼真野繼名兒繼俱名橋
方南方一曰東大名在大和寺田方郡名隸伊豆行方郡名隸常陸又郡名隸陸奥紡方所名隸豐後三方
郡名隸若狹二方郡名隸但馬
能州名即能登
慮礙馭慮島名日本別號
破不破關名郡隸美濃
佐引佐郡名隸遠江土佐州國郡名隸南海宇佐郡名隸豐前朝佐一曰淺地名在周防加佐郡名隸丹後
寧佐殿名
睿比睿一曰日枝一曰着座一曰一我山名在山城
摩州名即志摩邪摩即邪摩維國日本古名天摩關名在攝津志摩島州國名隸東海郡名隸筑前志賀摩市名

一日歸摩帝在東海都摩郡名隸武藏嘉摩郡名隸筑前薩摩州國郡名隸西海筑摩湖郡名在信濃色摩

那摩取摩俱郡名隸陸奥播摩州國名隸山陽邇摩郡名隸石見俛摩殿名須摩

迴新迴岡名峯逝迴岡名

智達智門名在山城宇智郡名隸大和愛智郡名隸尾張又郡名隸近江數智周智俱郡名隸遠江那智

地名在紀伊熊野之有瀧越智郡名隸伊豫大智寺名在豐後淨智寺名在關東邑智郡名隸石見又界名

煩桼煩殿名

慈久慈郡名隸常陸同慈寺名在豐後

級更級郡名隸信濃

世久世一日九世郡名隸山城又戶名風世學校名在下野

代八代郡名隸甲斐又郡名隸肥後

事物作事司名在山城

因州名印因幡

次日適次一云國子小路也戸次所殿名隸豐後

封日譁封譁國也

返魚返殿名

濯御裳濯河名在伊勢

持州名或謂總州土持殿名在古日向

𢱉城名在山城

敎内敎坊名在山城

着五着地名在播摩

搌袖搌山名在對馬

打日雨打謂樓閣階也亦打山名在下總

斥鹽斥山名

暸望暸一日小探題所居在硫黄島

載邪載 郡名隸陸與

隱 州名即隱岐曰雪隱廁也

謝與謝 郡名隸丹後

牟鹽久牟 所名隸豐後

蝸貧蝸 院名在山城

務中務 省名在山城

鞠鞦鞠 坪名

至鳳至 郡名隸能登

罷世罷 郡名隸備後

偪來偪 所名在豐後

調御調 郡名隸備後

喜綴喜 郡名隸山城

賀殿名 良賀橋名在山城 伊賀州國郡名隸東海 那賀郡名隸伊豆常陸紀伊阿波讚岐石見各有此郡名

遠賀郡名隸筑前 富賀田郡所名隸豐後 佐賀所名隸豐後 志賀所名殿隸豐後郡名隸近江島名在西海

敦賀郡名隸越前 加賀州國郡名隸北陸又界名 甲賀郡名隸近江 都賀芳賀俱郡名隸下野 大賀郡名

隸陸與 英賀郡名隸備中 平賀殿名

隆原名法隆寺名

治 宇治關山川郡名隸山城 新治郡名隸常陸 品治郡名隸備後 安作治山名

安 小安一曰太極殿名日本王居 高安郡名隸河內 大安寺名

寧川名在山城

平郡名隸大和又郡名隸安房 良平寺名在大和

定關名大大和

連或曰志和久島名南在海

敷島名日本別號曰唐居敷衛門也曰棧敷棧房也 周敷郡名隸伊豫 吉敷郡名隸周防 遠敷郡名隸若狹

美遲美郡名隷三河加美郡名隷武藏香美郡名隷土佐能美郡名隷加賀賀美郡名隷陸奥七美
郡名隷但馬邑美法美俱郡名隷因幡伊美所殿名隷豐後賀賀美山名在遠江山名在豐前
良奈良古郡夷第三十八代女王稱大奈良姬大神讚良郡名隷河內久良岐名隷武藏早良郡名隷筑前由
良渡名比良一日平良山名惠良吉良恝良俱殿名
多智多郡名隷尾張喜多郡名隷伊豫幡多郡名隷土佐傳多津名在筑前阿多郡名隷薩摩池多
郡名隷美濃勢多郡名隷上野宇多菊多俱郡名隷陸奥氣多郡名隷但馬仁多郡名隷出雲伊頭
波多山名波多殿名
登能登州國名隷北陸許乃毋登山名
和州名即大和淳和院名在山城大和古郡又州國名隷畿內又殿名宇和郡名隷伊豫笠和所名隷豐後斯
和殿名仁和寺名
久志和久或日連島名在南海伊地久一日伊筑地名在薩摩屋久島名在西海佐久郡名隷信濃邑
久郡名隷備前戶久一日戶九一日三原在備後天香久一日鹿香久一日餘香具山名波津久殿名

樂相樂郡名隸山城 甘樂郡名 邑樂郡名俱隸上野

福美福門名 寧福院名 東福寺名俱在山城 興福寺名在太和 安福郡名隸河內 聖福寺名在筑前又寺名在長門

壽福寺名在關東

廣矢田廣野名

大島名在西海 東大寺名在大和 志大郡名隸駿河又郡名隸陸奧 雜大郡名隸佐渡

小河名在山城島名在薩摩一在大隅海曲一在大隅海中一在備前 東小西小俱路名在土佐 潦小瀨三小俱川名

美豆小島名 蜻蜓小神樂小俱野名 華小山名

嘉皇嘉安嘉俱門名在山城 佐嘉關名在西南海中郡名隸肥前

吉三吉野名在山城 住吉濱郡名隸攝津國書云武臣住吉俗稱住吉明神曾獻元師 賀吉郡名隸播摩 周吉郡名隸隱岐

不白不島名在西海

須夜須郡名隸筑前 那須野湯郡名隸下野

長州名即長門島名在攝津 建長寺名在關東

狹長狹郡名隸安房　若狹州國名隸北陸　原狹郡名隸長門
理日理郡名隸陸奥
直宿直司名隸山城　麻直郡名隸阿波
無音無瀧名　水無池名
極太極夷王後殿名　京極路殿名俱在山城
積善積郡名隸近江　安積郡名隸陸奥
真清真院名在山城　白菅真野名
實源名
輕津輕郡名隸陸奥
細屋名在和泉島名在日向　飛驒細江名在甲斐　蔦細江名
高島名在豐後又島名在大隅中川名在薩摩山名在安藝　海　飯高郡名隸伊勢　津高郡名隸備前　日高郡名隸紀伊又
殿名　瀨高一日瀨垂地名在筑後　富高殿名　名高浦名

遠州名即遠江籌邏遠關名在攝津

可多可郡名隸播摩奴可郡名隸備後

重三重郡名隸伊勢所名隸豐後

肖來肖郡名森名

於贈於郡名隸大隅

乎阿波乎社名

哉不知哉川名

焉耶焉斯焉俱古國名

者豐後侍者殿名在豐後

耶波耶嶼名見唐書

乃信乃小路名在山城

也朝來也所名隸豐後

之足病之山名

柰惠奈郡名隷美濃

大信大郡名隷常陸

用佐用郡名隷幡摩

臚鴻臚寺館名在城

妙淨妙寺名在關東

難待難山名

毒銷毒川名關

正彈正臺名在山城

修勸修寺名在日野

善川名上善寺名倶在攝津修善寺名在伊豆

閑古院名清閑寺名在山城

若 州名即若狭

成陽成 乃夷先王古院名在山城　東成西成 俱郡名隸攝津　頭成 所名隸豐後　倉成 殿名

饒豐饒 所殿名隸豐後

仁建仁寺 名在山城　白仁 所殿名隸豐後

弘吉弘 所殿名隸豐後

恒恒 殿名

彌不彌 古國名

裴甲裴 州國殿名隸東海

圓高圓 山名

信 州名即信濃

義能義 郡名隸出雲

禮呼都頭禮 山名

斯行斯六國名
内州名即河内郡名隷越前曰帳内即輿室宮内省名在山城地名在大隅畿内山城大和河内和泉攝津河内州國郡名隷畿
内又常陸下野名有此郡名又所名隷豐後大内郡殿名隷讃岐府内川橋名在山城又豐後司牧所居之稱夷中列國司牧所
居之通稱瀧河内所名豐後隷水郡名信濃隷
外畿外東海南海西海北陸東山山陽山陰
表華表一曰神門一曰息居
裏圍爐裏夷王禁中禁裏夷王宮裏一曰禁掖一曰掖庭宮裏夷王宮裏又地名即宮内在大隅庫裏一曰庫里在攝津
中禁中夷王宮中山中城名在大和家中所名豐後隷越中州國名隷北陸備中州國名隷山陽佐夜中
山名三保中一曰三尾中山名象中山名
間島名在西海間間井名入間郡名隷武藏野間郡名伊豫隷狹間所殿名隷豐後又為壁穴迫間所名隷豐後
升迫間殿名
前筑前豐前肥前俱州國名隷西海越前州國名隷北陸般前郡名隷陸奥備前州國名隷山陽

後牟後關名在攝津筑後豐後肥後俱州國名隸西海越後州國名隸北陸備後州國名隸山陽丹後

州國名隸山陰

上殿名添上葛上城上俱郡名隸大和島上郡名隸攝津長上郡名隸遠江足上郡名隸相模海

上郡名隸上總又郡名隸下總左上郡名隸近江山上地名在近江又寺名郡上郡名隸美濃階上郡名隸陸

奥最上郡名隸出羽三上山郡名隸備後氷上郡名隸丹波八上郡名隸因幡田上川名志良

上磯名村上夷第八十二代王有村上之號又殿名戸上野上木上俱殿名

下添下葛下城下俱郡名隸大和島下郡名隸攝津長下郡名隸遠江足下郡名隸相模野下木

下山下俱殿名到下峯名

東山名在山城京名鎌倉島名在東海中又寺名名東郡名隸阿波伊東殿名即今日向牧今北東今南東

俱郡名隸越前關東日本遠東地方賀東神東飾東揖東俱郡名隸播摩苫東郡名隸美作安東殿名

南山名在山城京名大和州島名即四國隸南海丹南河南郡名隸河內坂南郡名隸越前印南野郡名隸播摩阿南殿名

西山名在山城京國島名乃筑紫隸西海名西郡名隸阿波鎮西筑紫太宰府司在焉今南西郡名隸越前一條

西路名在山城 賀西 神西 飾西 揖西俱郡名隸播摩 苫西郡名隸美作

北京名山名俱在山城 丹北郡名隸河內 田北所殿名隸豐後 葦北郡名隸肥後 菱北殿名

來島名在和泉 津津來原名在山城又原名在武藏 賀來 富來俱所殿名隸豐後 櫛來所名隸豐後 高來

郡名隸肥前 朝來郡名隸但馬 御來殿名

向 日向古都宮州今國名隸西海永樂戊戌夷王源義特令日向大隅薩摩三刺史入朝

文庫名山城大和上野皆有之 金澤文庫名在相模

德 大德寺名 崇德古院名俱在山城 天德寺名在豐後

日本一鑑隴島新編卷之四

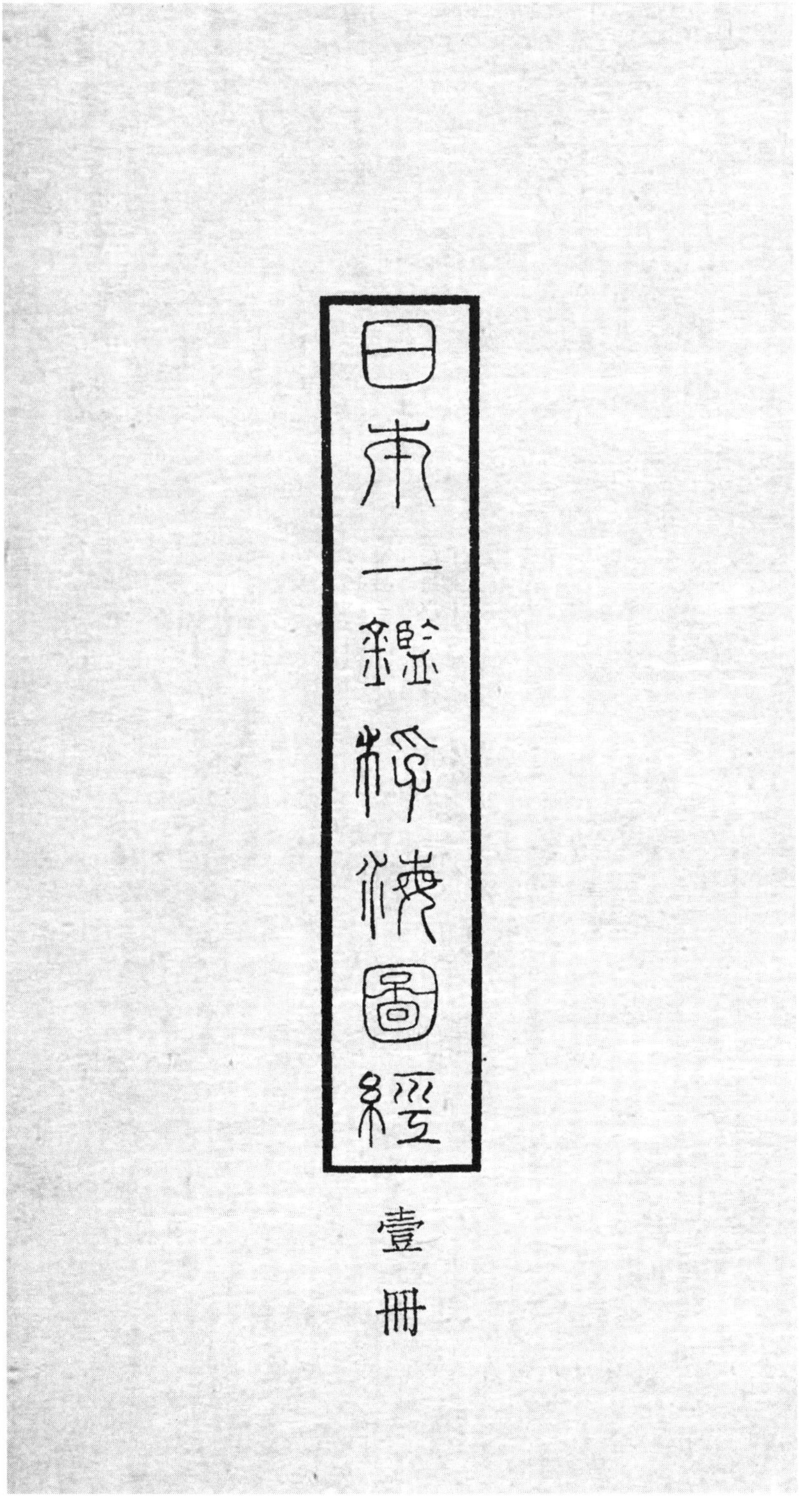
日本一鑑桴海圖經

壹冊

民國貳拾八年
據舊鈔本影印

日本一鑑桴海圖經卷之一

奉使宣諭日本國新安郡人鄭舜功撰述

歲乙卯功方
奉
使日本取道嶺南惟時治事偵風故召司方之人以供其事司方者司趨
向方之人也爰究指南之書而詢蹈海之要廣求博采者久之人有以
所錄之書應者謂之曰鍼譜按考日本路經言之未詳後得二書一曰
渡海方程一曰海道經書此兩者同出而異名也歷按是書多載西南
夷國方程而日本程途雖有其名亦鮮有詳者一曰四海指南內載三
王進之使日本取道太倉田韭山放洋而往取野顧寄音次抱
里寄音沿入其都夫彼路經如斯而已近考前代日本之役魏晉隋唐
各亦遣使皆緣朝鮮往焉今

國家前所遣使皆由寧波郡往來之役雖勞俱未見其方程也
國初僧宗泐為詩贈使者行云滄茫熊野山一發青雲際按考熊野在彼
南海紀伊間秦逋方士徐福祠堂在焉據夫詩言莫非取道其右歟又
學士宋濂之跋云自翁州揚帆五日至其國又踰月入其都言雖如此
亦未見其詳也自嘉靖初給事中陳侃出使琉球取道福建以往其從
人有識日本路程者故閩海人因知取道於小大琉球沿諸海山一路
而去又廣海人郭朝卿販稻航海市漳泉因風漂流至其國故廣海人
自後亦知其道矣若浙海人則因彼來朝向館寧波雖聞彼島之名未
聞向方之的逮今廿有餘年中國私商絡繹市彼各有路經但抵其域
市諸貨財而已誰究彼都之城之詳耶間知彼地名何亦皆倭音且如
野顧抱里之類是也況不審彼倭字又何從正華文至於山川之險易
道里之遠近尤不可得而知矣夫既不知則雖欲往彼國何以為從入

之途哉柳自庚戌以來姦宄禍亂逮今未寧彼從逆者於華夷往來遠
近之道多稔知之而我當事之公尚有不知之者又何從得彼域之詳
耶丙辰仲夏人事既具風汎乃期我方津發自廣至倭山水物色見無
不詢詢無不志雖不得乎山海文字之精詳亦必記其聲音向方之彷
彿既入其境但以國客之名布忠信以宣
文德陳仁義以定姦偷致使日本豐後君臣豁然開悟後先歸化然當是
時勤事於彼經歷數旬凡得諸履涉及諏諮者若島嶼都域之統屬水
陸途次之程期住泊經由之處所莫不各究其指歸又非特記其地名
倭音之彷彿且考諸翻譯寄我文字之精詳矣既以得其要領率彼向
化之人稽首來
王以作尊安之計數奇下獄七載方申復何言耶但今姦宄賊寇東滅西
生巳而復作燋爛之痛方深匪鹽之傷更切伏念

聖帝仁王之立中國而撫四夷近則馭之以情遠則懷之以德此治天下
常經也抑且颱海之夷遠隔萬里鯨波若非察其性情宣乎
文德容其向化禍亂何時而定耶此昔區區所以奮狂愚但欲變夷從
夏定亂尊
王草莽孤忠所効雖微而
國家政體所關實大然則此方程也豈不宜知之乎功以摹圖一本前賦
長歌一闋又次述其方輿焉目曰桴海圖經蓋夫爲此書也固雖不成
章句然而究心經世之士有能察功奉
使之誠効忠之實紀錄之詳庶乎有會心者當知非泛泛焉矣爾嗚呼治
安流漭徒勞忠愛
國家心博望窮河尚未根源宿星海痛昔明徵定保也今此感切以爲書
書曰無稽之言勿聽弗詢之謀勿庸若夫區區所言者不自知其如之何

萬里長歌

欽奉

宣諭日本國驅馳嶺海乘槎出當是時也中國姦宄勾引倭寇出沒淮揚吳越閩海之上海隅蒼生塗炭極矣功因
軫自生民又念先世忠義輒奮狂愚奏行聞諭取道嶺海而往焉嶺海者廣東別號也五羊歌鼓渡三洲先取虎
頭出幞頭五羊廣省驛名三洲水中之地約去五羊廿餘里而我取道其上虎頭海山在東莞之東約去三洲百餘里二山對峙如
虎把門故曰虎頭門幞頭亦海山也在東莞東北約去虎頭百餘里二山對峙形如幞頭故曰幞頭門我俱正出其間大鵬飛鳴
平海札看看碣石定鐵甲大鵬所名約去幞頭六十里平海所名約去大鵬六十里而我皆道其右碣石衛名約去
平海二百五十里鐵甲山名約去碣石六十里皆惠海地方我俱取道其右靖海東頭馬耳還大家井里傍
牛田靖海所名約去鐵甲百里馬耳海山澳名毗連牛田約去靖海百十里昔因風沮曾泊澳之石牌村大家井地名約去馬耳二十里
牛田曲傍其隈皆潮海地方而我俱道其右
天道南陽王莽滅
詔安走馬心旌節南陽地名約去大家井五十里王莽地名約去南陽九十里皆潮海地方詔安縣名約去王莽六十里走馬溪

名約去詔安八十里皆漳海地方而我俱道其右鎮海先須定六鰲下門平静

金門高鎮海衛名約去六鰲六十里六鰲所名約去走馬百六十里若往走馬至鎮海必須先過六鰲下門寨名在月港東約去鎮海四十

里皆漳海地方金門所名泉海地方約去下門五十里而我俱道其右永寧東覔烏邱側有馬行之是準

則永寧衛名約去金門廿餘里烏邱山名在興化海中約去永寧百五十里海航秘訣乃於烏邱取道日本挨里馬即有馮島寄音押利遠

若西南風用良寅縫鍼東南風甲卯縫鍼西北風正丑鍼西風正艮鍼徑取有馬此蓋行彼上海夫鍼之論更次凡一更者鍼着經盤之底又

更換也每一更鍼若值順風約行六十里凡一晝夜燒香為度鍼約十更程計六百里驗風遲疾可約計鍼更數又按驗風遲疾之法先取小

新之於船頭擲於一波上疾行船尾拔薪先後則知遲疾一約計鍼更數矣一自回頭定小東前望七島白雲

峯回頭地名泉海地方約去金門四十里下去永寧八十里或自回頭徑取小東島島即小琉球彼云大惠國按此海島自泉永寧衛開柚

一脉渡海乃結彭湖等島再渡諸海乃結小東之島自島一脉之渡西南乃結門雷等島一脉之渡東北乃結大琉球日本等島夫小東之域

有雞籠之山山乃石峯特高於衆中有淡水出焉而我取道雞籠等山之上徑取七島七島之間為琉球日本之界夫七島也七山交錯島峡

水緊宜慎避過盡島用正寅鍼約至五更取野顧即屋久島寄音耀一圖世過島有白氣亭浮故人日日白雲島此昔我之使程也航海秘訣

自回頭用艮寅縫鍼徑取日本凡七八日或自梅花東山麓雞籠上開釣魚目梅花所名約去永寧八十

里自所東山外用乙辰縫鍼或辰巽縫鍼約至十更取小東島之雞籠小自山南風用卯乙縫鍼西南風正卯鍼或正乙鍼約至十更取釣魚

嶼自嶼遠近多巨鯊長約十數尺見風帆影逆於波上夜則躍而有光按海鯊魚族類頗多因訪魚漁畧言知者曰珠鯊曰鋸鯊曰刺鯊曰虎

鯊曰青鯊曰了髻鯊曰犁頭鯊曰狗頭鯊曰和尚鯊曰白蒲鯊曰吹螺者鳴則風雨大作嘗食魚害人又虎鯊者有化為虎吹島人畜其餘

不盡聞也而小東巨鯊審類白蒲向不知名誰某自梅花渡彭湖之小東至琉球到日本為昔陳給事出使琉球時從其從人得此方程也一

自彭湖次高華次黿鼊次大琉球亦使程也而彭湖島在泉海中相去田頭百六十里釣魚嶼小東小嶼也盡嶼南風用正卯鍼東南風卯乙

縫鍼約至四更取黃麻嶼**黃麻赤坎古米巔馬齒琉球邐迤先**黃麻赤坎古米馬齒琉球邐迤皆海山也

盡黃麻嶼南風用甲卯縫鍼西南風正甲鍼東南風正卯鍼約至十更取赤坎嶼盡嶼南風用正卯鍼或寅甲縫鍼西南風艮寅縫鍼東南風

甲卯縫鍼約十五更取古米山盡山若西南風用寅甲縫鍼南風正卯鍼約十五更取馬齒山山北多礁盡山南風用正卯鍼或正寅鍼視取

華山即高華山次取七島否盡古米南風用寅甲縫鍼或正卯鍼約至五更取馬齒山盡山南風用甲卯縫鍼或寅甲縫鍼約至五更取大琉

球若使大琉球用正卯鍼或寅甲縫鍼入哪霸港否自港外用正子鍼約至四更取邐迤嶼盡嶼之外南風用正癸鍼約至三更取熱壁山

熱壁行行夢家剌大羅前渡七島峽熱壁夢家大羅俱海山名皆在琉球洋中盡熱壁山南風用正癸鍼

約至四更取硫黃山山產硫黃在於本山河蘭埠按硫黃之山非特一處小東日本皆有之夫此山島日則障烟迷目夜如野燒燭天山麓則

有湯泉泉水可愈瘡疥盡山南風用癸丑縫鍼約至五更取田嘉山自山左右海洋間有種鱵魚形不滿尺翼不過尾飛約數尋盡山南風用癸丑縫鍼約三更半取夢家刺盡夢家刺南風用正癸鍼或癸丑縫鍼約至三更取大羅山盡山用正癸鍼約二更半取七島此七島者在日本南為琉球日本之界又考吾閩日本東海有七島於戌未詳盡南七島用正寅鍼約至五更取屋久島

屋久棒津我道中

槎浮影動擊飛

艸屋久島名為日本古大隅國四郡地方自屋久硫黃白不高島善島海洋間有鱵魚寄音大沸易阿夫寄音之字大音能阿音窩荷音賀刺音辣他字如字凡鱵魚形類鯿長尺許雙翼越尾凡寸餘見風帆影飛艸無算颯颯有聲凡出使船若見鯿魚須定屋久然後放彼山城國都木爽六自本島上若乘西南風開津而行去東北約六十五更至堺江光經椿泊慈奴島上越五小山曰大門島寄音大慕佳世邁望見淡路島彼一日又謂大門山我自山右過來島嵐堺江用平底舟遊進山城國都矣一國自屋久用艮寅縫鍼為至四更取亞甫山郎押付𢇁爽曰大島一日乞島寄音課射氣行平本島港口水東流急島西六十里有礁四五人指馬蹄我自礁上開行用艮寅縫鍼約至十更取敦理宮寄音押茲利密耀若不見此則用正艮鍼二更艮寅縫鍼五更取江諭野寄音那孟懦一名江門野岳觀寄音那大懦阿佳家次用正个鍼一更正癸鍼二更取野島瑞寄音懦世邁易稜射氣島南況礁我道島上次用正丑鍼一更正子鍼四更取淡路島寄音抑法紋世邁一名大門山寄音大目佳耀邁我追山上次用正北鍼三更抵亦靠港用平底舟遊進山城國都棒津其古筑紫島地方島列九國而棒津屬大隅國棒津島間為本島之首懸對屋久之北而我取道其中本東去自棒津至種島程計三百六十里棒津至琉球

程計三千七百里或取種島定延歷或渡棒津沿山入種島古大隅四郡地方在屋久北二百六十里
延歷寺名在山城國都比睿山乃夷王桓武與僧傳教所開山迴十六灣寺中二十許夫延歷也其為戒壇通國度僧牒文俱出本寺俗謂
歷度牒日本夷云若於種島得西南風用艮寅縫鍼約六十一更半徑取棒泊歷奴島之上過來島到堺江用平底舟乃達山城國都否則棒
島乘南風用艮寅縫鍼約五六更渡棒津若或道彼上海而入山城王都則挨棒津之上沿山而行可堪歇泊之處自棒津次京泊津次阿久
根次天草次江坂浦次河島次瀨戶次平戶次博多津次足屋次赤坎關次桂坐次上關路次宮島次釜隅次竹原次戶摩次志和久次牛窗次
室次兵庫港港用平底舟次西宮次杉田次山崎次下鳥羽用小舟次日本王居夫海航里數及陸路程詳後紀程之下義之使程先取屋久次
種島而行若或道彼右海沿諸海山而入山城國者則挨棒津之右次山河矣棒津山河夫泊開千湊戶浦
耳之限細島赤水遠海接竹島釜江記週折當是時也道經拄島欲紀彼都颶風歘作延蕩釜江
崇入瀲灩設曰釜江週折云拍島駒妻清水湄津龍洲崎浦戶垂東津上浦又椿泊
奴島堺江山城郭航海里數亦詳於後紀程日本古來向
中天新羅樂浪經朝鮮新羅樂浪皆東海諸夷島國而新羅在日本西北樂浪在朝鮮之東今皆朝鮮之屬夫日本也自漢
光武中元始入中國路經新羅樂浪朝鮮或經百濟凡幾重譯得入朝焉按百濟在朝鮮之西亦是東夷之島初焉百家濟故名今屬朝鮮云

附按漢書自樂浪郡徼去其國萬二千里去其西北狗邪韓國七千餘里其地大較在會稽東冶之東與朱崖儋耳相近故其俗法多同自倭女王國東渡海千餘里至狗奴國雖皆倭種不屬女王自南四千里至侏儒國人長三四尺自侏儒東南行船一年至裸國黑齒國使驛所傳極於此矣會稽海外有東鯷人分為二十餘國又有夷洲澶洲傳言秦始皇遣方士徐福將童男女數千人入海求蓬萊仙不得畏誅不敢還遂止此洲世世相承有數萬家人民時至會稽市會稽東冶縣人有入海行遭風流移至澶洲者所在絕遠不可往來魏志使從帶方郡至倭循海岸水行歷韓國乍南乍東七千餘里到狗邪韓國北岸對海國居絕島方可四百餘里土地山險多深林道路如禽鹿徑有千餘戶無良田食海物自活乘船南北市糴又南渡一海千餘里瀚海國方可三百里多竹木叢林有三千許家差有田地耕猶不足食亦南北市糴又渡一海千餘里至末盧國有四千餘戶濱山海居草木茂盛行不見前人好捕魚鰒水無深淺皆沉沒取之東南陸行五百里到伊都國有千餘戶世有王皆統屬女王國郡使往來常所駐東南百里至奴國有二萬餘戶東行百里至不彌國可五萬餘戶又南行十日陸行一月至邪馬臺國即邪摩維國女王所都可七萬餘戶自女王國以北其戶數道里可得畧載其餘旁國遠絕不可得詳次斯馬國次巳百支國次伊邪國次都支國次彌奴國次好古都國次不呼國次姐奴國次對蘇國次蘇奴國次呼邑國次華如蘇奴國次鬼國次為吾國次鬼奴國次邪馬國次躬臣國次巴利國次支維國次烏奴國次奴國此女王境界所盡其南有狗奴國男子為王不屬女王自郡至女王國萬二千里隋志使渡百濟國行至竹島南望耽羅經都斯麻國迥在大海中又東至一支國又至竹斯國又東至秦王國其人同於華夏以為洲疑不能明也自竹斯

國以東皆附庸於倭唐書貞觀遣使來見其程光啟初其東海與中有邪古波邪多尼三小王北距新羅西北百濟東南直越州有絲絮怪珍
云元史至元間兵部侍郎黑的三使日本至對馬島而還又使趙良弼至太宰府而還考畧云　國初使僧祖闡等自甯州揚帆五日至其國
又踰月入其鄰永樂時三寶太監使其國雖有路經惟彼境西之野館境內無聞焉後來舟自肥前發壹岐對馬
朝鮮落夷國圖書肥前松本等處地方可直壹岐對馬之至朝鮮旁岐對馬者皆日本海曲山島今彼俱言曰國屬西海道
四百八十一山名三渡三紀路三停自肥前之壹岐渡對馬到朝鮮凡歷三渡每渡四百八十里自對馬
島麓沿轉津津崎放洋乃濟朝鮮之對門或云對門在朝鮮金州海口為古樂浪之地海口之東渡新羅次百濟延至鴨綠江望望遠
陽渡鴨綠載遵周道路朝
王屋使渡鴨綠江乃至遼陽載道周道入朝焉後毆貢道入明州故彼大隅始發舟唐天寶間新羅
梗道始由明越入焉按明州今寧波府越州古會稽今紹興府也又按大隅邊西地名棒津為日本之首沿寧波之邊故其彼中津發初用西
辛維鍼一二日次酉鍼二三日至我北山入沈家門或烏沙門乃至明州矣又按四海指南所載三寶太監出使日本自太倉劉家河津發用
正乙維鍼約僅一更平吳松江用卯乙維鍼約一更平寶小至南滙嘴用乙辰維鍼約出港打水六七丈見沙泥底鍼約三更見茶山打水三四丈
用丁未維鍼次坤申維鍼共約三更過大七山小七山至灘山東北打水三四丈用正丁鍼或午丁維鍼約三更至霍山用正午鍼取西後門

用巽巳縫鍼約三更至芈山用巽巳縫鍼取廟州門水潒流急哉從門右而行至升羅嶼用丁未縫鍼取崎頭山山湄水急打水四丈餘過雙
嶼港港水亦急用丙午縫鍼約三更至孝順洋打水五六丈次亂礁洋打水三四丈見泥底次韭山山西有礁用正卯鍼約三十更至日本港
口野顧山即至久島打水三四丈見泥底一自灘山次大帽山次箕彎次鑾江次㮐長澳次雙嶼港次孝順亂礁等洋至於韭山而去之彼
一自灘山次許山次羊山次淡水門次蝦蟆礁次火焰頭次沃洋港即兩頭洞次崎頭洋次雙嶼港次亂礁洋次韭山往焉海航秘訣若於韭
山得好渟風凡一晝夜見彼硫黃島然則是島固為彼之極西也一自島沙門用寅甲縫鍼至彼凡六七日一自沈家門用寅甲縫鍼至彼凡
六七日一自陳錢山用艮寅縫鍼至彼凡五六日一自廣海州[illegible]縫鍼至彼凡十二三日一自南澳用艮寅縫鍼至彼凡十餘日[illegible]
漁放洋往彼凡十日見彼諸山十日之中況有逆風雨日也又三日過彼屋久種島肥前大隅俱海澤入處道名

見書冊

夷國圖書肥前松本大隅林聿為古今之入唐道夫日本自入聖朝具載職方又國書云本朝三種神璽二為漢魏之給一為義
成祖所給接朝魏之使賜之銀章今存夷臣石上家石上者即石野守也自漢迄魏逮皇祖宗給與夷國長君勘合金章皆藏之于日本王
宮朝貢之期人船之限方物之數皆有定例凡入貢夷必以勘合表章咨又為憑否則為偽貢不納矣夫彼夷也罔知尊王之義感財貨之
恩然非貢卒不得市故彼西南海道之夷無不謀請本使凡將貢期必先以錢一千貫償值白金二百錙上之於日本王宮其諸關節費餘萬
金乃得請給原賜勘合奉金印錦蓋表咨各一道然後具方物繕舟檝齋帶入朝既受朝廷之賞賜又求財貨以往無不百倍其利但貢有

恒期楊熱猎至而恒不給故夷望貢猶農望歲尊王之誠自誠矣廿年以來姦商私市於十年已往姦賊從逆於中中國逋逃輙以招亡不信納叛與徵偷生夷島顛倒錯亂朝貢愆期矣夫彼之貢若或因防豈後等國請得勘合表咨入貢雖於各港遣舟必於博多合綜津發夫博多也乃筑前之地而筑前者乃大內京兆大夫與大友修理大夫之均轄也故舟博多津發焉次經五島或歷硫黃島必待清明之後薄風故洋而入中國若或大隅薩摩等國請得勘合表咨入貢雖於各港造舟亦必棒津合綜津發次經天堂天堂者彼曰官渡蓋謂入唐之義或歷硫黃島亦必以待薄風故洋入朝若或和泉攝津播摩等國得詔遣使雖於各港造舟亦必經過博多也如或土佐伊豫日向等國得請遣使雖於各港造舟亦必經過棒津也按日本夷自漢以來既通中國其入貢道不曰漢而云曰唐何也日本記云日本之號始唐則天皇帝之所封原彼夷之初鮮知華文自唐開元以來請授中國之學是以彼夷漸曉　中國之義不忘唐氏之恩拔其入朝凡十餘度來王之識加此故曰入唐道云夫日本戴唐德澤之深至今不忘其號其風化之美可見矣今　國家其來入朝三　德澤其國固不淺於唐也抑今禍亂不已者但因忠信之不行以致姦究之隱誘其向樂生向化乎十年一度使來

庭不遠風濤萬里程自成祖文皇帝朝制定其國十年一貢自彼山城國都至北京程計一萬一千一百里乃得一朝貢焉

鳥羽天堂覓鄰邑

上京三紀三千七鳥羽地名在山城天堂山名在彼西海之中夷云天堂官渡蓋緣入朝故名自鳥羽過長門至天堂天堂至鄰

邑鄞邑至北京一各三千七百里

奉

使出入韭山前方位不易指南篇韭山在寧波海中凡使出入多主是惟趙宋時使人臨海必以主山為準按主山在台海中自海門衛東去半潮水廣輿圖云六朝以來其使有入溫州者此則必主南凡山按被有橘名溫州原自入朝移槎也又巢暫名福州者原自福州移艤也未審何時至此耶指南之義始自周室有荒夷裔曰越裳國即老撾國凡三重譯來朝將遣還迷失故道周公乃作指南之車以贈之使始得還達音隋唐遣使海外亦莫不本指南之義矣今使海外者若非此書又何以定向方之準夫此書也一曰海道經書一曰渡海方程一曰四海指南一曰海航秘訣一曰航海全書而俗謂之鍼譜凡此書者其名雖異而事則同也

姦宄亂生

來昔風敢要太利通支竺支竺倭之別名夷俗敬佛重僧以佛生於天竺是故名支曰黑齒曰大和曰山迹又云山止曰敷島或即大和磯城島曰野島臺又云耶馬臺即耶維摩曰秋津島又云秋津洲曰礟馭慮島又云自凝島曰葦原又云豐葦原曰小扶桑按考扶桑乃東海遠毗之島懸日本之東相去二萬餘里其國好佛而惡殺日本之夷思慕之故有小扶桑之名皆聞日本之書扶桑之夷面有五色爪類猴爪身體多毛腋佩刀劍手持數珠時常念佛日本之夷輒傚之昔間之曰扶桑日本人既好佛大何佩刀乃曰好念佛本善心好佩刀誅盜賊故我佩刀達善不殺我本好佛若遇賊冠事以慈悲馭之乎不接金則揭帝陶像其皆佩刀矣又聯扶桑之樹長大無比蠶自生於其上作繭云長三尺許而帛經緯則人為之凡諸機織則付草蠶草蠶狀類促織異人謂之曰絡緯而俗謂之紡績孃其大如人而

攤鐵焉又具地產聖水若人斷手足即以聖水可續之若貽頸則元氣數而不可接矣又多產羊割腹取賠而食惡見夷國之書於我漢然無所考事難憑信也夫日日本謂唐明天所封曰壽安鎮國山乃成祖文皇帝之詔獲罪於

天竟不歸搆倭殘破我藩籬邊氓無數受荼毒江湖廊廟憂心腹念言治

亂如用醫若還忌諱苦瘡痍封書北上

黃金闕廟廊俯憫蒭蕘拙自持忠信代戈兵良知

文德聖神靈但將仁義作舟檝大弓遠定扶桑穴大弓二言合為夷字道廣飄飄入

澳濱策馬往見豐後君然當是時吳越閩海皆事敵而我取道於廣往諭日本王行彼城中颶風乃作漂入澳濱澳濱者乃彼豐後之地在叁江之西而豐後為日本分封之國其若姓名源義鎮為日本國王宗族其轄豐後筑後肥後肥前筑前等國又日向國夫牙屬之彼謂六國津港尚多姦宄且衆偷偷而來者彼之國君不知也因彼部曲藏姦慝用言忠信宣

文德叶一之禁在夷王遣使間關若海航按考日本列國六十有八向者各相呑併強弱敵者恥告夷王多割腹而死夫戰勝者或據其地設有部民不服者告於夷王則必遣人以守之既得彼情用是遣使於山城開諭日本長君則其列國六十八區乃得叶一禁止若豐後之諭但能禁止六國其諸列國止可移書由其禁否而已是以從事願甘艱險迂曲其途開諭日本長君以作交

安之區計區居首其成功亦未可以歲月計也文按日本長君姓名源知仁歷世相傳迄今不易我居豐後究夷俗得其要領思歸復偕使來歸速治安邇風飄忽馬蹄煩馬蹄礁名在乞島西六十里北近五島東南聽對屋久四更鍼自島之西有礁四五織如馬蹄故人目曰馬蹄礁船觸即破彼夷至惡之乃曰課射氣課射氣者寄音也翻譯華文則曰乞礁夷以是礁惡之猶乞丐爾延迴大小琉球曲神光導引歸盤谷況既風況非時難經鍼路歷諸險阻延迴大琉球抵一小島夷音耶剌付島夷尚知王化也續漂小琉球此島夷不遠於倉猷爾於是時狂風折舵而船欲覆祈禱於神有光類大其大如升降於船又異香襲人風稍恬乃以備舵易之而行於時雪浪滔天惟舵着水夜甚昏黑無所見衆又祈禱於神復有火光如纜拔船迷運至廣藩師云斯神者乃宋靈惠夫人林氏也三月廿三日為其誕辰邊腹之民多祀之航海之舟多奉之按永樂己丑使海外國乃以斯神在海著靈迹於京師儀鳳門營造神宮詔封斯神為護國庇民妙靈昭應弘仁普濟天妃廟額曰弘仁普濟天妃之宮歲以正月十五日及三月廿三日遣官致祭著以為令夫此神也既受明祀護國庇民有如此而我美藝含糗之人又豈不愛國家乎士民一揆宜深念之夫廣島與猶如亂麻谷口甚多人不易識況非汎月不期之至於斯也四旬始定海珠山豈非有數存其間槎還之際正東北風擬入祈海僅五六日程不意漂流至于四旬之久復見海珠豈非有數存乎其間耶海珠寺名在五羊驛之西南歸來衆楚咻齊說耿耿孤忠繫縲絏從事功成世數奇身亡嶺海爾

為誰（當使日本館於疊後故違從事沈孟綱胡福寧齋書往諭日本王撥其聽信既行禁令與之回書歸經疊後來至嶺海痛被姦究要功比白有司而不之信下之於獄信郭鄭蓮程文元告語軍門又不之信比以從事鮑仲麟往伸救之既至彼中而效役者已陷殺於其間矣痛比使者遠涉鯨波深入羊腸探諸虎穴歸復天朝艱險竟遭陷害雖膺人爵子使之聞之寧不爽傷也夫）歷盡痛為華夷

民作福厄運未窮遭僇辱那更身無為罪囚坐視航海苦不休悉恒謀

兮重可惜揚究者兮名不一曲從之言信不誣燋爛頭顱苦奏

數初言不忍驗今日世道爽傷殊曩者昔不計庚辛壬癸言不計甲乙丙

時年丁戊計年不計月伐取柯梅那見葉（柯梅舟山地名）明年潮海閧元宵室

廬掃盡放燈燒月港洪塘隨火熟三升五嶼飛蝴蝶（月港漳海地方洪塘福省地方三升蘇海地方五嶼漳海地方）去年嶺表飛烟灰閩下浙東良可悲（嶺表者廣東也）今年梅嶺兵

火惡浙海漁歌痛殘削（梅嶺漳海地方人多航海者商云無漳不行洋故通番輩歲久忘歸勾引夷寇為害父母之邦云爾）閩浙浪過打江西泉海湧湧漲安溪（安溪縣名）雲蓋十年聯絡繹循海瀨

聲殊惡逆（雲蓋宋僧寺名址在南澳之陽循海者惠海也）羅源滋蔓苦黔物撥亂反治

聞何遲羅源縣名蕩莧自愛葵心赤葵藿不堪憂肉食肉食憂

時早伐謀伐謀早紓

宵旰憂嗟彼狂愚鄭國客況無官守無言責國客之名蓋因奉使之際遵蒙本部尚書楊　令言但以中國百有年來未嘗遣使日本國是故不敢承領文移取辱使命但以國客之名先之以忠信之言曉之以仁義之道要之以文德之教使蠻貊之民樂生於化日之下自謂用夏變夷一端爾

萬里飄然一羽輕寧能東海作長城

日本一鑑桴海圖經卷之一

日本一鑑桴海圖經卷之三

奉使宣諭日本國新安郡人鄭舜功編紀

天使紀程

按考日本之域計其延袤廣輪東西距三千八百七十里南北距五百三十里（按彼一里凡六町若中國一遞鋪程）又按水陸之道一自山城遵海西至長門西垂程紀一千九百七十八里又自長門西至渡自豐前次足屋至大隅西垂通紀二千一百八十里陸行五十餘日惟論駐馬之程不計行路之數一自山城陸行至攝津渡讚岐取道土佐東小路之至西小路乃羊腸之徑濱渡日向之至大隅西垂凡五十日一自山城遵海東至陸奥東垂程紀三千五百八十七里山城陸行至關東程紀二十有五日關東陸行至陸奥又凡五十日餘許按此陸奥為其列國道屬東山其轄五十四郡東西距八十餘日南北距四十餘日以日本之域較之陸

輿而相過半矣其先夷王聖武以僭行基迴行通國得一週遭後雖本夷

鮮有週遊者也功何得以遍觀焉自原蕩莫生乎宇宙蓋緣蠻夷猾夏

民物塗泥原無官守之拘亦無言責之寄若夫惻隱羞惡是孰無之又

念先世忠義因輒奮其狂愚尚欲親涉其國用夏變夷塞源拔本而為

底定之計此昔所以願竭朴忠

奏蒙

隆命啟行颱海經歷不測之淵念活蒼生期獻

太平之頌用是誕

敷

文德實顯

神靈化外來

王攄衷下欵初不罹乎娼嫉今奚復有姦偷縲絏何辜赤心肯湟

九重遠聽百姓殷憂憶昔忠勤當存阜白悲傷世道豈慕丹青既經萬里
王程聊就一書紀錄於是大書漢字小寄倭音若夫涉水登山停舟駐
馬悉為詳紀庶見明徵前此圖程惟紀海道其他多島不入圖編況夷
島之名古今殊異寄語更變
天使宜知克念
委用之勤敢取不恭之罪嗟嗟謬語事在
聖謨

夷海右道

硫黃島易付世邏烏佳孤山以產硫黃故名乃西海古大隅阿烏自家地方為彼
極西之域近延寧台之邊凡我出使若在韭山開洋得乘好風一晝夜
可見此島島有望暸所又謂探題所人烟六七十戶可以暫停避東北
風是島也地吐硫黃之氣日則障烟蔽上夜如野燒燭天島上多竹島

麓湯泉可愈瘡疥西風次二百五十里渡至屋久島次二百里渡至種島徑取日本山城國都一於本島可乘西風次三百里渡至種島一乘西風次一百八十里渡至棒津荷刹

屋久島耀國世遙孤山一曰野顧即白雲島有白氣尋浮故人目云乃古大隅地方今屬種島人烟頗多海產⿰魚飛魚大沸易阿其形類鰡長尺許雙翼越尾凡寸餘見風帆影飛搠無算颯颯有聲凡我出使初見硫黃島次準夲島若見⿰魚飛則驗矣舟行不停南風次二百里渡至種島徑取日本山城國都若緣山行則於本島南風次四百八十里渡至棒津挨從山右一路而去

種島太業糯世遙孤山古大隅四郡地方人烟頗多島產牛馬等獸人目之曰大隅洲港產佳魚闞文易阿屋久薩摩皆有之本港多礁不堪停泊山溪之水流入於海間鹹淡水常產澤鬼人浴於此遺食腹腸惟上田烏刹太

自港可避西風本島南風用艮寅縫鍼約六十一更半徑取其鄰本島
南風三百五十里渡至山河三百六十里渡至棒津
棒津荷利其名入唐道古大隅地方可停次一百三十里至山川津
山川津一曰山河耀邁佳古大隅地方可停内曲袖白一曰植宿易付自氣次
種山太業耀邁次鹿島世邁今薩摩肥兹邁司牧島津世邁兹居之次宮内家耀
島致大隅司牧居之次喝食課射氣又内曲轉次高洲太佳自次下津或曰
島津世目兹次戎户島目課佳世邁次根島業兹家今皆西海薩摩地方盖為曲
道則於山河次三十餘里至大泊
大泊一曰大門泊阿大邁利可停次七十里經月浦津一曰膽月即肝屬氣目
兹氣次志布志世布世次小島周世邁在海曲港僅通舟水淺潮退舟膠難
泊皆古大隅地方次至千湊
千湊一曰血野湊致懦恕寄奈大古大隅地方湊口可停湊内膠舟不堪繫泊

次二百五十里至門浦

門浦一曰户浦大剌懦烏港大可停次三十里經目井蔑異次至油不郎押付

剌港小可停避西北風皆古大隅地方本浦次五十里至内海

内海烏寂致烏古日向沸烏佳地方港小可停若或自此入其都次渡内海三

十里到彼岸次十里室郡耀世沸次三十里阿蘇押梭次四十里朽綱圄太

寂次六十里田北太太氣次六十里豐後付課次六里澳濱烏邁氣法次田

原太歪剌次玖珠一曰球珠圄自次小倉一曰小郡課剌圄次二百里渡

至赤坎關押射佳氣邁次二十里府中一曰府國圄妻易圄次二十里挂坐

法圄次三十里阿嫂押肥次二十里舟木付氣棠次三十里山甲耀佳邁奈

次三十里小郡課剌圄次三十里山口耀致邁阇延入其都若必遵海道則

於内海次一十里至赤井

赤井押異佳古日向地方次二十里至伯

伯阿致傑次一百三十里經德潭大圖噅付致可停次耳寂寂可停次土持
迷致邁詼皆古日向地方欲至細島
細島荷梭世邁古日向地方港大可停避東南風本島水程徑行四百八十
里渡至浦户否則本島次二十里經佐伯腮氣大大次至垢水
垢水一日赤水押佳寂詼古日尚地方可停次三十里至東海
東海一日遠海大島寂古日向地方可停次二百三十里至竹島
竹島太赤噅世邁今豐後付課地方可停次一百六十里經彥岳山沸課太赤耀邁
麓次坂關肥佳射氣海產佳魚太奈易阿長二尺許其味甚甘關上高島太佳
世邁乃大友司牧修理大夫開僻之居島之上游日白杵鳥自氣一日白
杵庄古日向地方相去豐後府內付奈六十里本關陸道可通若循海
道次至釜江可達
釜江佳邁耶豐後地方可停內曲用小舟次四浦右噅鳥剌口遊抵古河府六佳歪

即府内也海曲之中次曰澳濱 鳥邁氣法 澳淺艘舟不堪繫泊陸行府内

凡五六里皆為曲道則於釜江次一百三十里渡至柏島或於本江次

一百二十里渡至蒙島或自本江次五十里渡至小路島本夷云其都

水程自豐後次豐前渡長門入山城約凡十日於路有關可泊一自豐

後渡土佐入山城凡十二日於路無關船多野泊陸自豐後渡長門至

山城凡二十五日路甚間關

小路島 阿課世邁六 孤山次三十里渡至蒙島

蒙島 目邁世 孤山今南海土佐 大腮 地方次一百七十里渡至土佐之清水

世薮容 小舟可避抵中村 柰剌佳慕 為土佐司牧所居或自本島次七十里

渡至駒妻 周遍茂 或自本島次五十里渡平深港 村剌佳鳥 次至柏島 神射盃世

邁 若或陸路往中村必由港内取道西小路而入中村中村陸路入其

都可道東小路之椿泊 薮法遍剌氣大 次半日程至 佳剌惴烏 次二日程渡至

洲戶（自慕夭）一（自佳利）淄馬次半日程至讚岐（肥氣）恕之湊（家奈大）次半日程渡

至洲戶次半日程渡至兵庫港而入其都若或洲戶渡堺江凡一日程

一自深港至湊皆羊腸之徑一自土佐之山城次（欲世押家着深押家）次（押氣）次

（押易押擽）次讚岐之湊渡堺江遡入山城約凡十日程按其土佐地多產鱉

海多產鯉（佳茲阿）粲乾味美一自土佐之椿泊渡由紀伊之東導彼右海

次大和次伊勢次伊賀可達其都可入學校矣

柏島（押射世遊）丞土佐地方可停次五十里至駒妻

駒妻一曰小荳（圓茂）遊土佐地方港大可停次七十里至清水

清水一曰志水（世家茲）土佐地方此港多礁港內山河淡水可飲河產鯔魚

（奈欲世）長不滿尺其味甚甘次三十里經足津（押射肥氣茲家家）次津龍（茲懦太家）

可停次至四崎

四崎（右茲肥氣）土佐地方港無人烟可以暫停次一百八十里經洲崎（茲肥氣）

乃司牧東小路所轄地方外港可避東北風內港可避西南風次浦戶
烏剌大港小可停次庭跌易次至東津留
東津留一日戶路大懦兹六土佐地方可停次一百八十里至室三崎
室三崎粲六兹六窑腮氣土佐地方次一百三十里渡至江浦
江浦耶懦烏剌一日上浦課懦烏剌土佐地方可停次二百里至椿泊
椿泊法氣大兹遴剌土佐地方可停避東南風次一百二十里經奴島怒世南遴
海淡路抑法致地方孤山於山之上渡經五小島一日大門島大目住世遴
島如一字連珠次渡探暴關太又懦歪射氣次至來島
來島課世遴五畿和泉易兹窑地方可停次一百三十里至堺江
堺江腮佳耶和泉攝津兹懦困又毗連地方可停南至紀伊氣懦困又熊野山困遴
懦粃遴一百八十里北用平底之舟遴進內港幡部川歪大奈穴佳歪山河淡
水次六十里至小坂

小坂阿佳肥五畿攝津地方山河淡水次五十里至守口

守口目致利固五畿河内佳致至攝津交界地方山河淡水次六十里至八幡

八幡耀太至官寺名五畿山城耀六遥射地方八幡者為其夷第四十代王應神號稱八幡菩薩之社祠祠前山河淡水自祠之右其都之左遠山發源二千里餘左近山曰宇治山烏遥致耀左近川曰宇治川烏至致佳合其都右之源流下八幡平底之舟次三千里達進至淀其都左右二源小舟可達

淀欲大山城地方四垂山河中有人烟次近下鳥羽

下鳥羽世法目大小舟可達内葛川佳至兹剌佳水自其都之右遠山發源千百餘里右近山曰鳥羽山太遥法耀右近川曰鳥羽川大至法佳其司牧曰秦大所轄自下鳥羽可乘小舟次二十里至日本王居或下鳥羽取導陸路有牛車轎馬次一十五里至上鳥羽

上島羽佳法家大遶運至日本王居

夷海上道

硫黃島易村鳥佳世遶西南風四百餘里渡至乞島南風五百餘里渡至五島
五島二百五十里渡至平戶平戶三百五十里渡至博多博多五百餘
里渡至赤坎關關上可遵山陰等處地方我道其都挨從山右一路而
而去否則本島可乘西風次一百八十里渡至棒津挨從山上次經久
志一路而去

棒津荷利古大隅地方次一百八十里經久志一日豐津同世次門泊大
邁利次片浦柳大剌可停次至伊地久皆西海薩摩肥兹邁地方
伊地久一日伊筑易致國薩摩地方可停次五十里至今日泊
今日泊一日京泊津耀大邁利薩摩地方可停次一百八十里至阿久根
阿久根柳國業薩摩地方可停次一百八十里經小野瀨謀惴惴射西海肥

後（沸課）地方次渡至天草

天草（柳邁閩肥）狐山西海肥後地方可停曲內之山曰志木（世氣）曲內海曰

白川湊（世利佳歪嵾奈大）港大可停避四風內為曲道則於天草次一百八十

里渡至軍瓦

軍瓦一曰戶坂浦（大懦腮佳同鳥刺）一曰江坂浦（易致腮佳國鳥刺）西海肥前（沸射入）

地方次井澤一曰伊佐草（易腮歪）次大村津（阿慕刺嵾）海產蠣蝗中間有

珠次三浦（嵾懦鳥刺）次瀨戶為之曲道一於江坂浦次口野津（國致懦汲）次

有馬（押利邁）島自老山發脈陰則有脊連之潮長小舟可通潮退人跡

可涉次島原（世邁法刺）次三江（嵾耶）次三浦（嵾懦鳥刺）次瀨戶亦是曲道皆

肥前地方則於江坂浦次一百八十里渡至河島而為天道

河島（佳歪世遊）今有馬（押利邁）地方二山如門港大可停西風一百里至有

馬一自本島次一百八十里至瀨戶

瀨戶射大港中可停次松本邁兹剌皆肥前地方按松本其為古之入唐道松本之湖週遭五百餘里湖海西山山上多鄙人目客舍抑射一日廿日市法兹懦易致次博多為曲道則於瀨戶次一百八十里渡至平戶為矢道

平戶沸剌大狐山古肥前地方今隸豐後付課港口松浦剌邁兹島可停避東北風本山曲轉右股曰交趾課致裏港松原剌邁兹法可避四虱為平戶司牧所居交趾西曰世射氣有觀音庵神誕之際間有神虎乭焉啗人畜而後隱松浦之間今有唐人厲鬼祠自平戶次三百五十里渡經長野桼佳懦次今津易邁兹次鄙或即呼戶課大次至博多津為曲道

一自平戶往博多水陸行程四百五十里許記其沿途地名自平戶次渡大沸次自易次六耀兹世次囤易邁付次邁兹剌次易邁兹次博多津若自平戶水行至博多乘風繩路一日程畧約一百八十里

博多津法佳太旅西海筑前致固射又地方可停次挑洋行二百一十里至足屋沿山行次三百五十里至足屋

足屋押射耀西海豐前付射又地方次二百里渡至阿開間關一曰阿伽摩關即赤坎關押佳滿射氣山陽長門奈佳太地方可停次二百里至挂坐法付長門地方可停一云自赤坎次二百七十里平挂坐次挑洋行一百八十里至上關路若或挂坐沿山而行至山口如風不順或是倭船䑽艤過之

山口耀邁固致山陽周防自法烏地方為大内司牧左京兆大夫所居山麓出海風水不便倭船䑽檣而過之自山口次一百八十里至上路關

上關路佳寄懦射氣寄致周防地方可停次一百七十里渡至宮島

宮島寄耀世邁孤山山陽安藝挨氣柰地方相去海面三十里港大可停避西北風次九十里渡至釜鴈

釜鵬佳刹邁佳孤山安藝地方可停次一百八十里渡至竹原

竹原太刹杰歪安藝地方可停次一百八十里至友地

友地一曰户摩大懦客山陽備後沸又課地方港大可停防南風次一百

里渡至連島

連島兹濃刺世或即志和久世法固七山交錯為港南海讃岐肥慈氣地方

明云山陽備中沸島兹致海面三十里可停次一日八十里渡至牛窗

牛窗鳥大世邁山陽備前沸射又地方可停次一百里至室

室彔六可停次一百三十里經明石浦押島佳刹射皆山陽幡摩汰里邁地方

次至兵庫港

兵庫港押島耀刹烏課懦一曰日護沸課五畿攝津兹又懦固地方可停港内彩

田川自歪大佳中港長川柰歪佳兹佳有橋阻舟下港幡部川歪佳大歪奈穴則

於兵庫港用平底舟次五十里至西宫

西宮（又世儒濟耀）攝津地方攝津司牧居處近田川（抑固太佳至）山河淡水可停次

五十里生杉田

杉田（自太）攝津地方山河淡水次六十里至山崎

山崎（耀邁腮氣）攝津山城（耀邁射六）毗連地方山河淡水可得次三十里至下

鳥羽

下鳥羽（世日大法）小舟可遡至日本王居若下鳥羽取導陸路牛車轎馬次

一十五里至上鳥羽

上鳥羽（佳濟大法）遶運至日本三居

夷島陸道

棒津（荷利）古大隅（阿烏自濟）地方可駐次伊筑

伊筑（易致固）西海薩摩（腮旅邁）地方可駐夷云薩摩大隅古以山脊為界

次井利市

井利市一日伊力易利致薩摩地方可駐次阿久根
阿久根柳圖業薩摩地方可駐次根島
根島業致密薩摩地方可駐次路失記名
本路失記其名西海肥後沸課地方可駐次八代
八代六耀兹射肥後地方可駐次高足
高足一曰鷹瀨大佳世西海肥後地方可駐次瀨垂
瀨垂一曰瀨高世太佳西筑後致固課地方可駐若此陸路之豐後付課
次一日太佳法目次一日過大高嶺嶺之西麓有湯泉右歪沸次一日至
豐後付課若或瀨高往平戶沸剌大次渡海易腮歪次陸行密兹密次
阿慕剌次柳鳥剌次渡海至平戶若自瀨高往山城次路失記名
本路失記其名西海筑後地方可駐次宰府
宰府腮付其古太宰府又曰探題所西海筑前致固射又地方可駐次博多津

博多津法佳太盜筑前地方若此陸路之豐後次一日行至筑前府中付盜
次、一日筑後致國課可駐次一日東行至於大高嶺嶺之西麓有湯泉
過嶺東行又見大高嶺嶺之西麓亦有湯泉行過嶺客業氣可駐次一
日東行又見大高嶺嶺之西麓亦有湯泉行過嶺又東行至小祇嶺嶺
之西麓亦有湯泉行過嶺至豐後若自博多往山城次失記路名
本路失記其名筑前地方可駐次狩
狩一日滿烏剌盜西海豐前付射人地方次國羅
國羅一日小倉課園剌或曰小郡阿園乂豐前地方登舟而宿次足屋
足屋柳射櫂豐前地方人烟可駐次渡赤坎關
赤坎關柳佳邁射氣山陽長門秦佳太地方渡口可駐次府國
府國課課園委園長門地方次朝佐
朝佐一日淺柳腮山陽周防自法烏地方可駐中路人烟不入徑過次山口

山口耀致過囬周防地方若由夫道不入人烟次路夫記名

本路夫記其名周防地方次小畑

小畑一日小波田阿法大山陽安藝押氣奈地方可駐中路人烟不入徑

過次廿日市

廿日市法兹易致佳安藝地方可駐中路無人烟徑過次壁

壁一日聲部佳穴安藝地方可駐次出肚

出肚一日山原易剌逵歪安藝地方次吉田

吉田右世太安藝地方可駐次路夫記名

本路夫記其名安藝地方次横田

横田沸課太安藝地方可駐次高山

高山太過佳耀安藝地方次户九

户九一日三原窸歪剌山陽備後沸人課地方可駐次尾道

尾道 阿致懦塞 備後地方次成輪

成輪 柔利歪 古備州 沸右 地方可駐次笠岡

笠岡一曰河歌 押後押 古備州地方次品川

品川 佳歪柔佳 古備州地方次分氣

分氣一曰和氣 歪赤 山陽備前地方次燒山

燒山 耀遥氣耀 備前地方可駐次酌子

酌子 射固世 備前 沸射人 地方次五着

五着 阿法固 山陽幡摩 法利遙 地方可駐次三木

三木 密氣 幡摩地方次明石浦

明石浦 押佳島刹射 幡摩地方浦多人烟可駐次兵庫港

兵庫港 沸耀島懦島刹課 五畿攝津 茲又懦固 地方次五十里西宮

西宮 又射密耀懦 攝津司牧所居可駐次二十里小屋

小屋課耀攝津地方人烟次二十里善川

善川射佳歪攝津地方次七十里山崎

山崎耀藹聰氣攝津山城耀邁射六毗連地方人烟次二十里過渡

渡大懦目剌五畿山城地方渡口人烟渡次二十里上鳥羽

上鳥羽佳搭大法人烟聯絡次五里塔寺

墖寺大射人烟聯絡次日本王居

日本一鑑桴海圖經卷之三